安徽财经大学服务地方经济社会发展系列研究报告 2018

安徽农村普惠金融发展研究报告 2018

任森春　张庆亮　王刚贞　等著

合肥工业大学出版社

图书在版编目(CIP)数据

安徽农村普惠金融发展研究报告2018/任森春,张庆亮,王刚贞等著.—合肥:合肥工业大学出版社,2018.6

(安徽财经大学服务安徽经济社会发展系列研究报告2018)

ISBN 978-7-5650-4012-2

Ⅰ.①安… Ⅱ.①任…②张…③王… Ⅲ.①农村金融—研究报告—安徽—2018 Ⅳ.①F832.35

中国版本图书馆CIP数据核字(2018)第118570号

安徽农村普惠金融发展研究报告2018

任森春 张庆亮 王刚贞 等著　　　　责任编辑 陆向军 刘 露

出 版	合肥工业大学出版社	版 次	2018年6月第1版
地 址	合肥市屯溪路193号	印 次	2018年6月第1次印刷
邮 编	230009	开 本	710毫米×1010毫米 1/16
电 话	综合编辑部:0551-62903028	印 张	12
	市场营销部:0551-62903198	字 数	168千字
网 址	www.hfutpress.com.cn	印 刷	合肥现代印务有限公司
E-mail	hfutpress@163.com	发 行	全国新华书店

ISBN 978-7-5650-4012-2　　　　定价:34.00元

编　委　会

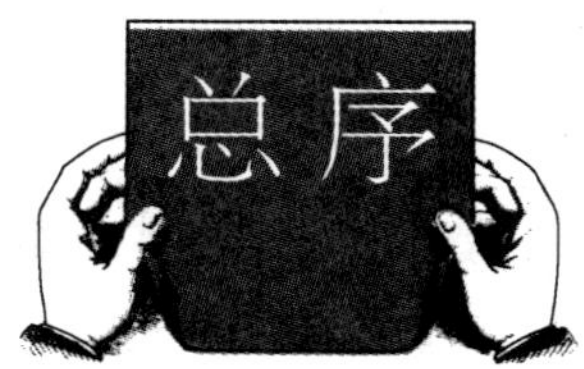

安徽财经大学科研工作始终坚持立足安徽做学问、服务安徽出成果，特别重视立足地方和行业需求构建多层次智库平台。安徽经济发展研究院是安徽财经大学设立的研究安徽经济社会发展的专门机构，拥有安徽省人文社科重点研究基地、省级协同创新中心、省教育厅智库和安徽省重点智库四个省级科研平台。这些平台在优化资源配置、聚合科研力量，鼓励和引导教师围绕安徽省委省政府的重大发展战略选题，深入研究安徽经济社会发展中的重点、热点和难点问题，着力破解制约安徽地方经济社会发展的重大理论和现实问题，为建设特色鲜明的地方高水平财经大学提供了有益的智力支持，取得了较为丰硕的成果并积累了丰富的经验。安徽经济社会发展研究院努力实现在安徽经济发展方面的理论基础、政策研究与实践应用的紧密结合，把安徽经济社会发展研究院打造成为立足安徽、面向全国的财经智库。

安徽财经大学每年出版的服务安徽经济社会发展系列研究报告是由安徽经济社会发展研究院组织相关学院的专兼职研究人员编写的。我校 2006 年公开出版服务安徽经济社会发展的首部研究报告——《安徽经济发展报告》，2007 年《安徽省县域经济竞争力报告》发布，2010 年《安徽省贸易发展研究报告》出版，形成我校服务安徽经济社会发展的三大品牌报告。至 2018 年，年度研究报告增至 10 多部，主要包括：《安徽经济发展研究报告》《安徽县域经济竞争力报告》《安徽贸易发展研究报告》《安徽财政发展研究报告》《安徽投资发展研究报告》《安徽文化产业发展报告》《安徽城市发展研究报告》《安徽乡村振兴战略研究报告》《安徽农村普惠金融发展研究报告》《安徽劳动就业和社会保障发展研究报告》《安徽生态文明建设发展报告》《安徽养老服务发展报告》等。

服务安徽经济社会发展系列研究报告坚持稳定、控制数量，不断提升质量的指导思想，通过进入退出机制、激励机制、分级分类机制、合作机制、运行机制、评价机制和发布机制的改革，政策影响力和媒体影响力日益扩大。2016年，研究院成功入围中国智库索引首批来源智库，并获大学智库指数排名中普通高校第一名。根据《中国智库索引（CTTI）2017年发展报告》，我校进入大学智库指数Top50高校，其中安徽经济社会发展研究院排名第25位，安徽经济预警运行与战略协同创新中心排名第32位。

纵观这十多部研究报告可以看出，报告的组织者与撰写者都付出了辛勤的劳动和不懈的努力。当然，我们也清醒地认识到，报告也还存在这样或那样的缺点，与政府部门领导和社会各界对我们的希望还有相当大的差距，学校应当在智库建设方面做得更多、更好。我们坚信，只要坚持走下去，只要继续得到社会各界的关心和帮助，系列研究报告一定会越做越好！学校的智库建设也将结出更多的硕果！

安徽财经大学校长　丁忠明

2018年4月20日

MU LU

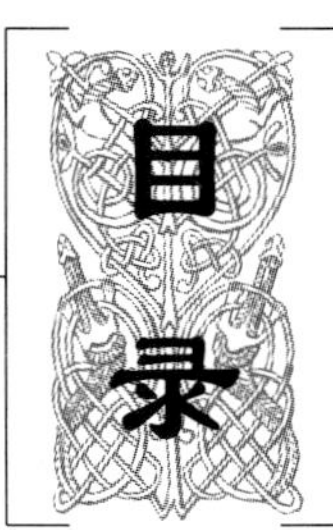

第一章 新时代农村普惠金融发展概述

第一节 新时代普惠金融发展的重要战略意义

2017 年 10 月 18 日上午，中国共产党第十九次全国代表大会在北京隆重开幕。十九大报告指明了党和国家事业前进的方向，是我党团结带领全国各族人民在新时代坚持和发展中国特色社会主义的政治宣言和行动纲领。习近平总书记郑重宣示“中国特色社会主义进入了新时代”。这个新时代，是承前启后、继往开来、在新的历史条件下继续夺取中国特色社会主义伟大胜利的时代，是决胜全面建成小康社会、进而全面建设社会主义现代化强国的时代，是全国各族人民团结奋斗、不断创造美好生活、逐步实现全体人民共同富裕的时代，是全体中华儿女勠力同心、奋力实现中华民族伟大复兴中国梦的时代，是我国日益走近世界舞台中央、不断为人类做出更大贡献的时代。

解决好“三农”问题始终是我党工作的重中之重。十九大报告提出的乡村振兴战略是新时代经济建设布局中的重要环节。乡村振兴战略的实施，为农业现代化提供了良好的契机；而农业现代化则是乡村振兴目标实现的基础保障。然而，农村金融供给不足始终制约着我国农业现代化进程。近年来，金融业“脱实向虚”的现象严重，对实体经济的支持远远不够。十九大报告中提出“深化金融体制改革，增强金融服务实体经济的能力”，为金融业的未来发展指明了方向。大力发展普惠金融，则是金融服务实体经济的重要环节，不仅有利于创新型国家体系的构建，也有利于乡村振兴战略的顺利实施，对我国经济增长由高速度向高质量转变具有重要意义。2018 年 3 月 5 日，在第十三届全国人民代表大会第一次会议上，李克强总理做政府工作报告，提出“改革完善金融服务体系，支持金融机构扩展普惠金融业务，规范发展地方性中小金融机构，着力解决小微企业融资难、融资贵问题”，为普惠金融的发展思路和方向提出了具体要求。

2017 年，银监会、财政部和中国人民银行等部门均发布相关文件，积极支持普惠金融发展。2017 年《政府工作报告》提出，要将“大力发展普惠金融”列入 2017 年重点工作部分，鼓励大中型商业银行设立普惠金融事业部。银监会于 5 月 26 日发布《大中型商业银行设立普惠金融事业部实施方案》，要求相关银行自上而下搭建普惠金融垂直管理体系，以便更好地服务普惠金融客户。目前，国内大中型商业银行以及国开行和农发行等政策性银行，均已设立普惠金融事业部①。9 月 30 日中国人民银行对普惠金融实施定向降准政策。从 2018 年起，为支持金融机构发展普惠金融业务，中国人民银行将对单户授信 500 万元以下的小微企业贷款、个体工商户和小微企业主经营性贷款，以及农户生产经营、创业担保、建档立卡贫困人口、助学等贷款的增量或余额占全部贷款增量或余额达到一定比例的商业银行实施定向降准政策。2017 年 11 月 6 日，财政部发布《关于小微企业融资有关税收政策的通知》，将税收减免政策覆盖落实普惠金融政策的所有金融机构，普惠金融领域也扩大至农户、小型企业、微型企业和个体工商户。

第二节　安徽农村普惠金融发展概况

自进入“十三五”时期以来，安徽省经济保持了良好的增长势头，金融业也取得了快速、高效、健康的发展，基本建立了结构较为合理、功能相对完善的金融体系。与此同时，农村经济的发展也取得了长足

① 其中：中国农业银行于 2008 年开始三农金融事业部制改革；中国邮政储蓄银行于 2016 年 9 月建立三农金融事业部；国家开发银行和农业发展银行于 2016 年设立扶贫金融事业部机制。

进步，农村经济发展和转型都进入了加速期，对金融服务的需求日益旺盛。截至 2017 年 3 月末，全省银行业涉农贷款余额达 10118.6 亿元，破万亿元大关，较年初增加 585.64 亿元，同比增长 15.79%，贷款增势稳定。虽然农村居民的存贷款需求仍占据主要地位，但其他诸如转账支付、保险、理财等需求正在日益增多。特别是随着农村经济的不断发展，一方面农村居民的投保积极性显著提高；另一方面，根据《2017 年安徽全省人口变动情况抽样调查》，居住在乡村的人口为 2909.1 万人，占总人口的 46.51%，因此农村保险的市场需求巨大[①]。

一、农村普惠金融基础建设不断完善

安徽省将农村基础金融服务“村村通”作为普惠金融的重要依托，加快构建“乡乡有网点、村村有机具、人人有服务”的金融服务网络，着力打通村级金融服务“最后一公里”。全省共组建村镇银行 66 家，在全国率先实现村镇银行县域全覆盖。截至 2016 年末，安徽省银行业基础金融服务行政村 15505 个，其中网点覆盖行政村 6123 个，各类电子机具（含 ATM、POS、转账电话和自助服务终端）覆盖行政村 13377 个，其他方式覆盖行政村 5611 个，建档（评级）农户数 7843213 个，授信农户数 5462702 个。基础金融服务行政村覆盖率 100%，实现农村基础金融服务全覆盖。

在广泛布设 ATM、POS、转账电话、自助服务终端等电子机具的同时，针对皖北及大别山地区交通闭塞的特点，安徽银监局全面推广“拎包银行”服务，延续金融服务“最后一公里”。为便于服务“三农”，截至 2017 年 7 月，全省已累计建成惠农金融服务室 12359 个，服务范围覆盖所有行政村。截至 2017 年 8 月，全省县域贷款余额达 9401.90 亿元，同比增长 21.25%，高于全省贷款平均增速 5.6 个百分点，基本实现“基础金融不出村、综合金融不出镇”。

---

① 农村居民保险需求主要是两类，一是为了防范农业生产面临的自然灾害以及市场风险而投保农业保险；二是为了防范农村地区社会保障制度不完善所带来的风险而投保养老和医疗类保险。

二、农村普惠金融征信体系逐步健全

中国人民银行合肥中心支行按照“来源于地方、服务于地方”的思路，鼓励各地因地制宜，以中国人民银行下发的《农村信用体系建设基本数据项指引》为重要参考标准，以县为主建立农户信息数据库，使全省各地区的工作保持一定的统一性和协调性。目前，已有 31 个县（市）、区由中国人民银行或当地政府牵头开展农村信用信息采集工作。截至 2016 年第三季度末，为全省 1015．5 万户农户等信用主体建立了信用档案。同时，利用“五位一体”的惠农金融服务室（安徽省已实现全省行政村 100％覆盖），及时更新非贷农户的基本信息、家庭资产信息和收支信息等。各信息服务平台纳入 414 万户农户、1.9 万户农业经营主体信息。在此基础上积极构建信用评价指标体系，探索建立了“信用户、信用村、信用乡镇”的三信评价机制。截至 2016 年第三季度末，各涉农金融机构运用信用评价结果，根据信用等级状况，累计为 471 万户农户、家庭农场等农村经济主体发放贷款达 1798 亿元，农村信用体系建设有效促进了农村普惠金融的良性循环。

三、农村普惠金融惠农产品蓬勃发展

针对农村消费升级新趋势，为更好地满足农民日益增长的个性化、差异化金融需求，各金融机构积极融合互联网金融，推出综合金融服务体系。2017 年 12 月祁门农村商业银行正式设立普惠金融事业部，依托网格化管理和大数据分析，构建“金融、电商、政务、社区”服务“四位一体”服务网络。考虑到农村地区对存折、卡业务明细记录、挂失等金融功能的需求，也兼顾了年轻群体对电子银行业务、线上缴费等功能的偏爱，省内多家农商银行推出包含四位一体综合服务体系的“惠民宝”。徽商银行初步形成了徽农支行、徽农金融服务室、徽农卡、徽农贷、徽农通、徽农宝“六位一体”的农村普惠金融服务体系。截至 2017 年 10 月，共设立 89 家徽农支行、112 家徽农金融服务室，服务农村客户 42.61 万名。涉农贷款余额 644 亿元，较年初增长 38％。

截至 2017 年 11 月末，安徽省通过网银转账、电话支付终端转账、手机支付、“收粮宝”产品完成小麦、玉米和水稻等粮食作物非现金收购 698.1 万笔、金额 291.7 亿元，完成茶叶、花生等经济作物交易 430.9 万笔、金额 9.19 亿元，共节省交易手续费约 5.6 亿元，初步形成了固定支付与移动支付相结合的农产品非现金结算体系。

四、农村普惠金融支持农业发展初显成效

为支持农村经济发展，安徽省结合当地优势产业，推进金融产品和服务创新，着力引导金融资源重点向优势产业和项目倾斜。一是创新支持地区优势产业链。中国农业银行砀山县支行创新推出电商专项贷款产品——“电商 E 农贷”，支持当地特色水果种植业电商产业链，直接向带动贫困户效果好的电商发放贷款，并量身定做保证保险贷款信贷产品。二是创新支持新型农业经营主体。全国首家省级农业信贷担保公司——安徽省农业信贷担保公司创新推出“劝耕贷”产品，采用政府、金融机构和担保公司风险共管、风险共担的模式，由贷款行和担保公司按 2∶8 的比例分担风险，当地财政每年安排专项资金用于“劝耕贷”风险补偿和贷款贴息。截止 2017 年 8 月 31 日，“劝耕贷”已在全省 63 个县（市、区）落地，为 4653 家新型农业经营主体提供贷款担保 23.21 亿元，有效解决了新型农业经营主体融资“难、贵、慢”的发展难题。

作为农业大省，安徽省率先在全国实现农作物承保过亿亩和大宗农产品保险基本全覆盖。2016 年，全省农险保额、保费、赔款分别突破 600 亿元、20 亿元、25 亿元关口，种植业保险、农房保险单户最高赔款分别达到 153 万元和 30 万元，有力地弥补农户经济损失。2017 年 5 月，安徽将黟县作为全省农业保险转型升级试点县，以黟县为样板推进全省农险转型升级的具体实践。通过“政银保”和保单质押等模式，协助规模经营农户获得生产贷款 2100 万元，有效激发了农村金融活力。试点半年来，保险行业累计为当地各类农产品提供风险保障 5736 万元，支付赔款超过 250 万元。

五、农村普惠金融助力精准扶贫效果显著

中国人民银行合肥中心支行按照“精准扶贫、精准脱贫”的方略，以“特惠”“精准”为准则，在全省全面启动并快速推进金融扶贫攻坚工程，取得积极成效。2016年以来，安徽省人民银行各分支机构先后为965家法人金融机构、31家农业银行县级“三农”金融事业部，下调0.5至2个百分点存款准备金率；累计办理支农、扶贫再贷款8.8亿元、27.8亿元，累计办理再贴现278.5亿元，再贴现余额中的涉农、小微企业票据占比分别达31.4%、74.6%。截至2017年10月，徽商银行已投放5支扶贫基金，金额总计49亿元；针对建档立卡贫困户，有效推出“分贷统还”模式的精准扶贫小额贷款产品，促进贫困群众稳定增收。2017年末，全省扶贫小额信贷余额158.46亿元，居全国第2，超额完成年度任务；实现全国首家国家级贫困县企业通过扶贫“绿色通道”上市（集友股份）。

第三节　新时代安徽普惠金融发展新思路

从本质上来说，新时代指的是中华民族从站起来、富起来到实现强起来的时代。要将我国建设成为富强民主文明和谐美丽的社会主义现代化强国，一方面要建立与之相适应的普惠金融服务和保障体系，满足人民群众日益增长的金融服务需求；另一方面要利用互联网、金融科技等手段促进普惠金融的发展，助力脱贫攻坚战略的顺利实施，实现中华民族伟大复兴的中国梦。

一、金融科技推进普惠金融体系新发展

互联网金融的出现实现了传统金融行业的升级，为普惠金融理念的践行提供了更广阔的平台，而人工智能、区块链等金融科技的发展，为普惠金融的实现提供了更加便捷和高效的途径。在金融科技的背景下，不仅能让广大人民群众通过互联网、大数据等感知到金融服务，

获得场景化的金融服务，扩大金融服务的覆盖人群面，普及更多更好的消费，还能基于金融科技为其提供匹配度更高的金融服务，在提高服务精准度的同时控制好成本。利用金融科技驱动不同金融机构进行业务创新，提高效率、降低成本，真正实现金融的“普”和“惠”。因此借助金融科技，推动金融“脱虚向实”，是新时代普惠金融发展的风向标。

（一）金融科技助力金融“脱虚向实”

金融“脱实向虚”、资金未流入实体经济而在外空转是导致金融供给结构失衡、加剧金融体系风险的根本原因，只有促使金融机构回归服务实体经济、服务普惠金融，才能有效降低行业资产端的错配风险。安徽省政府要借助金融科技的力量，致力于改革和完善金融服务体系，支持金融机构扩展普惠金融业务，规范发展地方性中小金融机构，着力解决小微企业融资难、融资贵的问题。

借助省内的金融科技公司，探索应用这些新科技改造传统融资模式，服务实体经济用户。利用金融 OMO 模式（online-merge-offline 线上线下融合），搜集处理海量数据与多维度相关性的数据信息，搭建起高效的智能风控体系，清晰地判断出每一个用户的需求、偏好以及匹配的风险定价，能提供定制化、个性化的金融服务，帮助传统金融机构挑选出优质债权，持续输出专业风控服务，使金融科技回归到普惠的本质，让真正合规、能为实体经济用户提升金融效率的平台得到政策支持，这样可以大幅降低用户成本、提升金融资源匹配效率，为解决中小微融资难题提供更优路径，在金融领域做好服务实体经济的转型升级。

（二）金融科技促进金融机构的业务转型

一是利用金融科技促进金融机构网点轻型化、智能化发展，使服务变得更智能、简单和快捷。比如可以通过移动展业平台和生物识别、远程授权等技术，实现客户经理、大堂经理营销作业移动化、线上化，解决当前普遍存在的服务空间有限、服务流程冗长、客户排队等问题。

二是应用人工智能提升自助服务水平，帮助客户快速办理业务，提高金融服务的可获得性。鼓励省内商业银行逐步搭建远程客服、线上客服等全方位的智能客服体系，并通过智慧柜员机等的推广应用，实现业务流程精简和再造，服务效率大幅提升，人员潜能进一步挖掘。同时，进一步丰富线上服务模式，以多元化电子账户体系为基础，通过直销银行（例如徽商银行的“徽常有财”）和手机银行等渠道，引导客户便捷使用线上渠道，降低金融服务对有形渠道的依赖。

（三）金融科技推动金融创新和监管

针对监管合规的要求，利用区块链、大数据和人工智能的技术，用海量的数据把碎片化的信息进行归纳总结，提炼出一些新的模式和算法，映射到不同的监管产品设计当中，降低交易成本、提高监管效率。

对于商业银行来说，可以建设智能风控体系，降低小额信贷的门槛，提升风控实效。以大数据风控技术为核心，风险数据集市为数据中枢，构建反欺诈预审批系统、智能评分卡准入系统、贷后监测预警系统等一系列风控平台，从客户筛选、客户准入、风险预警等方面开展了一系列应用。准入方面，通过不断获取外围和内部数据并进行相关数据分析，对客户进行360度画像，提升反欺诈和信用风控模型准确率，解决信息不对称问题，更好地服务于传统业务模式下无法准入的客户。贷后方面，通过预警系统每日日终对存量授信客户进行分析和预警，在提升风控效率的同时推进风险前置。

对于非银金融机构来说，应用大数据技术的科技监管，可对私募基金、典当、上市公司等不同行业和业态进行细分产品的评分和评级，并对它们现运行的金融产品资产进行评价，同时也可实现欺诈行为的客观评价。

对于涉金融企业来说，利用大数据技术对企业进行全新画像，通过有效识别分析和挖掘涉金融企业的行为特征，可以推动对涉金融企业的有效监管。比如，在数据治理方面，采用大数据技术，可以找到服务于金融监管的诸多数据源，将其转化为服务监管的变量，用大数据算法来计算变量可能会对监管产生的影响。

做好监管科技，还可以通过大数据技术生成的金融FIR指标去预测、分析金融机构和涉金融企业的违约概率和非法集资的可能性。

二、深入推进脱贫攻坚战略的实施

（一）持续探索产业扶贫模式

安徽省银监局要发挥监管和引领作用，推广“四带一自”产业扶贫模式，实施贫困村“一村一品”产业推进行动，扩大电商扶贫、旅游扶贫覆盖面，让产业发展和金融业务更加相辅相成，助推脱贫攻坚。首先，政府要以财政扶贫资金、政府产业发展基金、财政贴息资金等作为撬动银行扶贫开发信贷投入的支点，以银政、银协、银企、银保、银担五大服务平台为依托，转变抵押担保方式，着力解决“三农”贷款难题，提升金融扶贫效率；其次，各商业银行要加大与农业产业化龙头企业的合作力度，围绕贫困地区龙头企业及其上下游农户，推出家庭农场贷款、农民专业合作社贷款，支持新型经营主体规模化、集约化发展，加强与农资销售商和农副产品加工企业的合作，为贫困户提供农资基础保障和产品销路保障，打造农资购买、养殖种植、农副产品销售多流程闭环式服务体系，实现金融对农业产业化发展链条的全面支撑覆盖。

（二）积极开通小额扶贫贷款绿色通道

一是加大研发力度，进行产品创新，适应扶贫多元化需求，创新推出扶贫小额贷款产品，有效解决小微企业“融资难、融资贵、融资慢”三大瓶颈问题，有效满足小微企业“短、频、急”的融资周转需求。对优势行业进行批量开发，抓住涉农龙头企业，打造以产业链为基础的涉农小微企业开发闭环作业模式。二是加强政策引导。推出光伏扶贫贷款，主要还款来源为电费收入和新能源补贴，光伏贷款能够减轻借款者的还款压力，更利于实现贫困户的增收脱贫。三是督促辖区内银行业机构加强与税务部门合作，搭建银税互动平台，各部门协同配合，优先办理小额扶贫贷款业务，全员合力完成省市政府及省分行扶贫贷款各项任务进度。四是严格做好对实施主体和建档立卡贫困户的贷前调查和贷后管理工作，贷款办理各流程各环节合规开展。

（三）努力夯实金融扶贫基础

一是要推进助农服务点建设，创新建立扶贫金融服务站。引导省内辖区商业银行借助“互联网＋金融”平台，设立农村信贷营业部、设立包片客户经理、开展小额贷款推介等方式，下沉服务重心，延伸服务半径，解决贫困村建档立卡户的基础金融服务需求等问题，为广大乡镇村民提供综合化金融服务，解决农村金融服务痛点，打通农村金融服务的“最后一公里”。二是要实施“村村通”工作。持续开展助农取款服务点建设，向金融空白村提供账户查询、小额取现等服务，加快 ATM、CRS 的布放安排，通过流动服务车、移动商易通、农民工银行卡特色服务、电子银行手机“万能卡”、特色商圈 APP 等，不断改善农村地区银行卡受理渠道和农村地区支付条件，扩大“村村通”工程覆盖范围。

第二章　安徽农村普惠金融供给分析

2008年开始的中央一号文件均号召：改善农村金融环境，建立城乡经济社会一体化发展新格局，建立健全适应“三农”特点的、多层次、广覆盖、可持续的农村金融体系，对农村金融体系“覆盖率”和“可持续性”提出了明确要求。2013年11月12日，中国共产党第十八届中央委员会第三次全体会议通过《中共中央关于全面深化改革若干重大问题的决定》，正式提出“发展普惠金融，鼓励金融创新，丰富金融市场层次和产品”。2015年12月国务院印发的《推进普惠金融发展规划（2016—2020年）》指出，普惠金融是指立足机会平等要求和商业可持续原则，以可负担的成本为有金融服务需求的社会各阶层和群体提供适当、有效的金融服务。因而，本节从普惠金融“经济效率指标”“覆盖面指标”“可持续发展指标”和“制度供给指标”等角度（表2-1），分析安徽省普惠金融供给取得的成绩、存在的问题，并针对存在的问题提出建议。

表2-1　安徽省农村普惠金融供给评价体系

<table>
<tr><td rowspan="13">安徽农村普惠金融供给评价指标体系</td><td rowspan="2">经济效率指标</td><td>对地方经济贡献度</td></tr>
<tr><td>对农民收入贡献度</td></tr>
<tr><td rowspan="5">覆盖面指标</td><td>金融机构类型、法人机构数量、网点、从业人员数量</td></tr>
<tr><td>普惠金融地域范畴</td></tr>
<tr><td>涉农贷款、小微贷款、助学贷款额</td></tr>
<tr><td>其他民生工程、财政资金支持、互联网金融</td></tr>
<tr><td>普惠金融产品、渠道、机制、利率</td></tr>
<tr><td rowspan="2">可持续发展指标</td><td>总资产、不良贷款率</td></tr>
<tr><td>资本充足率、利润率</td></tr>
<tr><td rowspan="4">制度供给指标</td><td>农村金融综合改革试点工程</td></tr>
<tr><td>土地确权等政策</td></tr>
<tr><td>光伏扶贫政策</td></tr>
<tr><td>普惠金融发展实施意见</td></tr>
</table>

第一节 安徽农村普惠金融供给取得的成绩

2015 年 12 月国务院印发的《推进普惠金融发展规划（2016—2020 年）》，确立推进普惠金融的指导思想、基本原则和发展目标，在普惠金融服务机构、产品、基础设施建设、法律法规和教育宣传等方面提出政策措施，对推进普惠金融实施、加强组织协调、开展示范工程试点等方面做出相关安排。发展普惠金融，目的是提升金融服务的覆盖面、可得性和满意度，不断满足人民群众日益增长的金融需求，特别是让小微企业、农民、城镇低收入人群、贫困人群等及时获取价格合理、便捷安全的金融服务。安徽省政府、银监局等部门深刻领会普惠金融的核心内涵，认真贯彻党中央的普惠金融政策，制定本省普惠金融发展政策和规划，积极推进本省的普惠金融事业发展，取得了显著的成绩，总体概况如下。

一、普惠金融覆盖面扩大

普惠金融的目标是以低成本、高质量的金融服务，满足所有有效金融需求，这就意味着普惠金融服务要同时兼顾覆盖的广度，即金融服务要覆盖和触及经济落后的贫困地区，要实现地理位置的全覆盖。覆盖的深度，即金融服务要下沉到社会的最底层，要让社会底层的贫困人口也能得到最基本的金融服务；服务的完整性，即服务内容不是单一的信贷，还包括储蓄、转账支付、保险、理财等全方位、多元化的金融服务。

本节选取金融机构种类、数量和从业员工人数、金融机构客户范畴等指标衡量覆盖广度；选取涉农贷款额及占比、农户、农业贷款额及其比重、助学贷款额、下岗失业人员小额贷款额等指标衡量覆盖深度；选取金融产品和服务、贷款利率等指标衡量服务的质量和完整性。

（一）覆盖广度指标

1. 普惠金融法人机构类型增加

安徽省金融机构体系建设更趋完善（图 2 - 1），市场融资能力逐步增强。截至 2016 年末，全省村镇银行已开业 66 家，实现县域全覆盖；徽银金融租赁公司挂牌开业、合肥市消费金融公司获批筹建。在国家政策宣传和鼓励下，大型金融机构加强县域网点建设，金融租赁公司发挥租赁功能特色，稳妥开展“三农”及小微企业租赁业务，汽车金融公司、消费金融公司下沉业务渠道，扩大金融服务覆盖面。

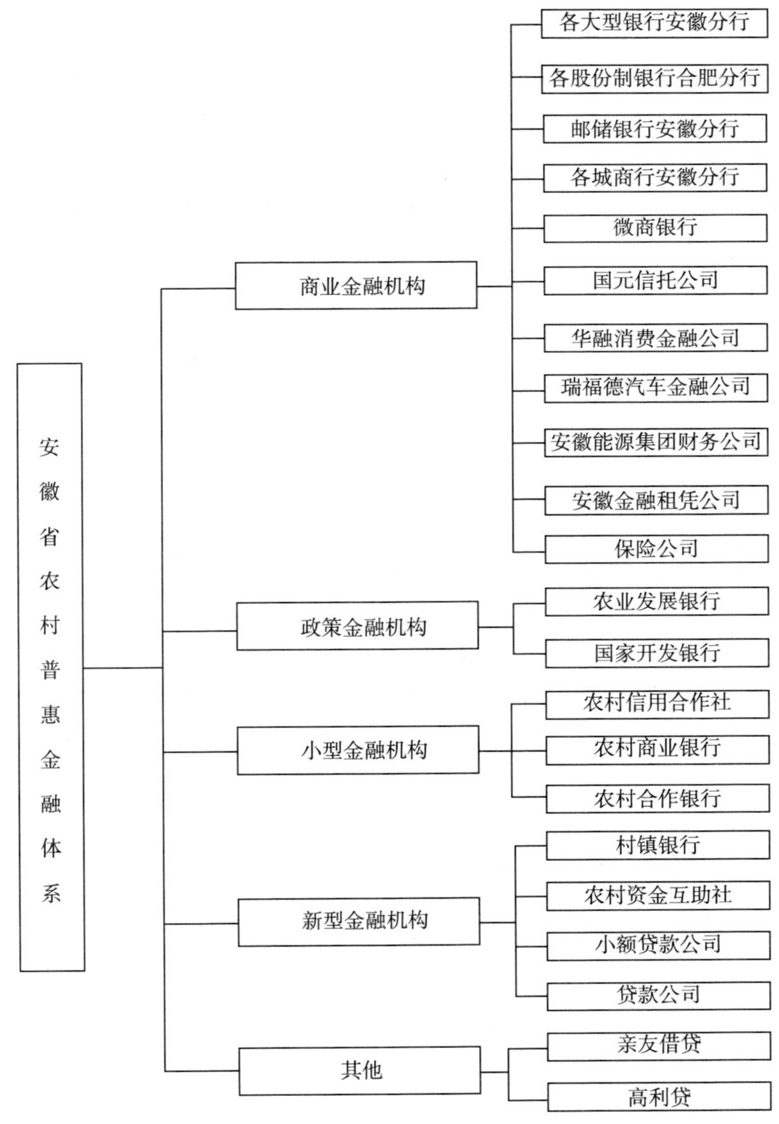

图 2－1　安徽省农村普惠金融体系（2016 年）

2. 分支机构和营业网点增加

大中型商业银行分支机构网点布局逐渐优化，现有县域网点稳定并有所增加，乡镇服务网络进一步拓展。徽商银行在有条件的社区、县域及以下设立徽农、徽民支行，农商行加快农村地区网点建设，在贫困地区设立异地分支机构，开业半年以上、主要监管指标符合要求的村镇银行向下延伸分支机构。小型金融机构法人数量稳定在 83 个（图 2 - 2），机构网点数量从 2010 年的 2943 个，增加到 2016 年的 3110 个（图 2 - 3）；新型金融机构法人数量从 2010 年的 18 个（图 2 - 2），增加到 2016 年的 67 个（图 2 - 3），网点数量从 2010 年的 18 个（图 2 - 2），增加到 2016 年的 248 个，农村居民金融服务的可获得性逐步提高（图 2 - 3）。

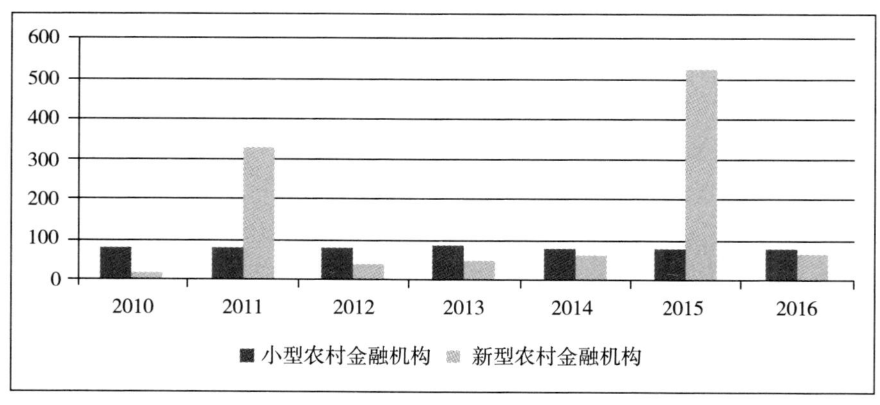

图 2 - 2　农村小型、新型金融法人机构数量

注：（1）小型农村金融机构包括：农村商业银行、农村合作银行、农村信用合作社；

（2）新型农村金融机构包括：村镇银行、贷款公司、农村资金互助社。

数据来源：安徽银监局。

3. 普惠金融从业人员数量增加

小型农村金融机构从业人员数量从 2010 年的 29227 人，增加到 2016 年的 32867 人（图 2 - 4），新型农村金融机构从业人员数量从 2010 年的 412 人，增加到 2016 年的 3557 人（图 2 - 4）。这两类农村普惠金融机构的从业人员数量增长，说明普惠金融服务组织逐步壮大，提供的金融服务范畴逐步增强。

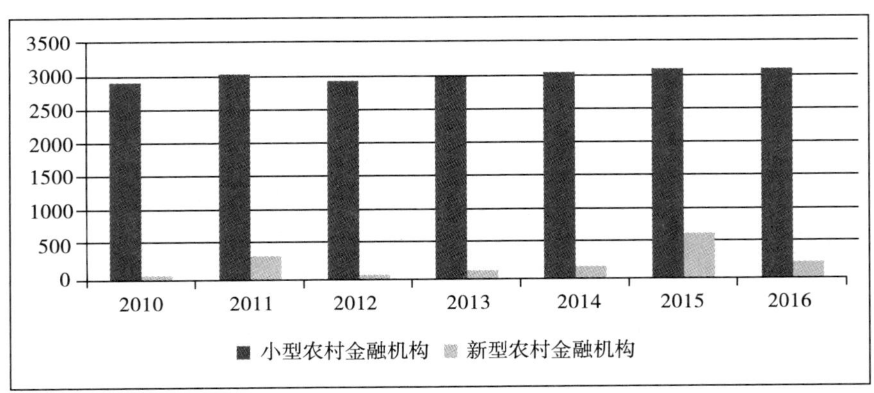

图 2-3 农村小型、新型金融机构网点数量

注：(1) 小型农村金融机构包括：农村商业银行、农村合作银行、农村信用合作社；

(2) 新型农村金融机构包括：村镇银行、贷款公司、农村资金互助社。

数据来源：安徽银监局。

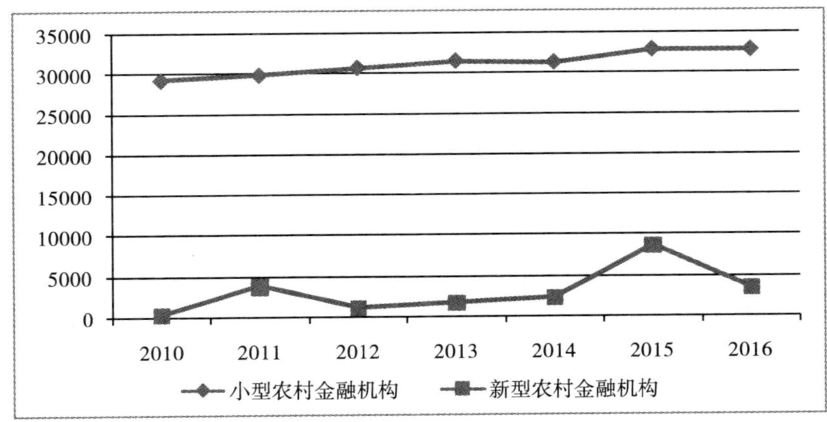

图 2-4 农村小型、新型金融机构从业人员数量

注：(1) 小型农村金融机构包括：农村商业银行、农村合作银行、农村信用合作社；

(2) 新型农村金融机构包括：村镇银行、贷款公司、农村资金互助社。

数据来源：安徽银监局。

4. 普惠金融地域覆盖面扩大

截至2016年末，安徽省银行业基础金融服务行政村15505个，其中，网点覆盖行政村6123个；各类电子机具（含ATM、POS、转账电话和自助服务终端）覆盖行政村13377个；其他方式覆盖行政村5611个；建档（评级）农户数7843213个，授信农户数5462702个。

基础金融服务行政村覆盖率 100%，实现农村基础金融服务全覆盖，农村金融需求满足度、便利度和可获得性进一步提高。

（二）覆盖深度指标

1. 涉农贷款逐年增长

安徽省是农业大省，农业贷款需求旺盛，但普惠金融政策实施之前，涉农贷款额度不高。2010 年末，涉农贷款余额 2602.6 亿元；2011 年末，涉农贷款余额新增 947.8 亿元；普惠金融实施以来，涉农贷款余额增长迅速，2012 年，全省涉农贷款余额 4830.5 亿元，增长 26.5%；2013 年末，全省涉农贷款余额 6297.9 亿元，增长 23.3%，增速高于各项贷款平均增速 6.3 个百分点；2014 年末，全省涉农贷款余额 7418.2 亿元，同比增长 17.3%，高于各项贷款增速 1.7 个百分点；2015 年末，全省涉农贷款余额 8538.8 亿元，同比增长 14.9%，新增 1120.6 亿元，同比多增 36.6 亿元；2016 年末，全省涉农贷款余额 8735.6 亿元（图 2－5）。

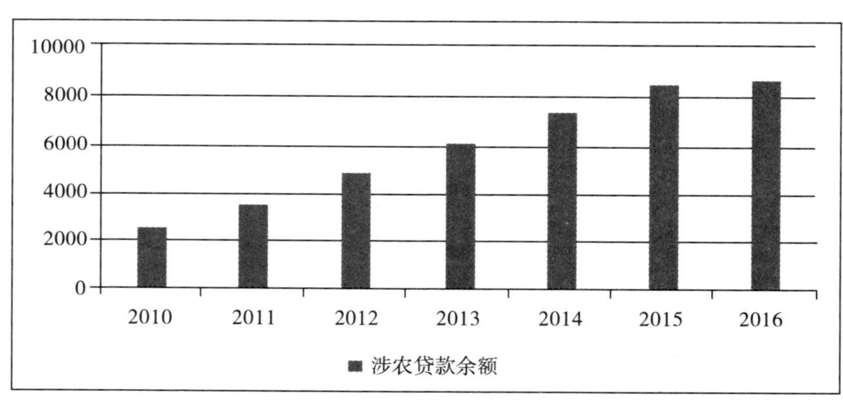

图 2－5　2010 年以来安徽省金融机构发放涉农贷款余额

数据来源：安徽省银监局。

2. 小微企业贷款稳步增加

由于金融扶持政策落实到位，小企业信贷投放出现持续较快增长态势。2010 年末，小企业贷款余额 2136.9 亿元（不含票据），同比增长 61.2%，分别高于大、中型企业 46.6 个和 53.4 个百分点；2011 年末，全省小微企业新增 435 亿元，同比增长 49.2%，分别高于大、中型企业40.84个和38.2个百分点。2012年末小微企业贷款余额增长20.1%，高于大中型企业5.2个百分点；2013年末，全省小微企业贷款余额6082.1亿元，增长22.6%，增速高出各项贷款平均增速5.6个百分点；2014年末，全省银行业小微贷款（含个体工商户）余额7048.7亿元，较年初增加966.7亿元，同比增长15.9%，高于各项贷款增速0.3个百分点；2015年末，全省小微企业贷款（含票据贴现）新增724.7亿元，占全部企业贷款增量的42.3%；2016年末，全省小微企业贷款余额为8509.2亿元（图2-6）。

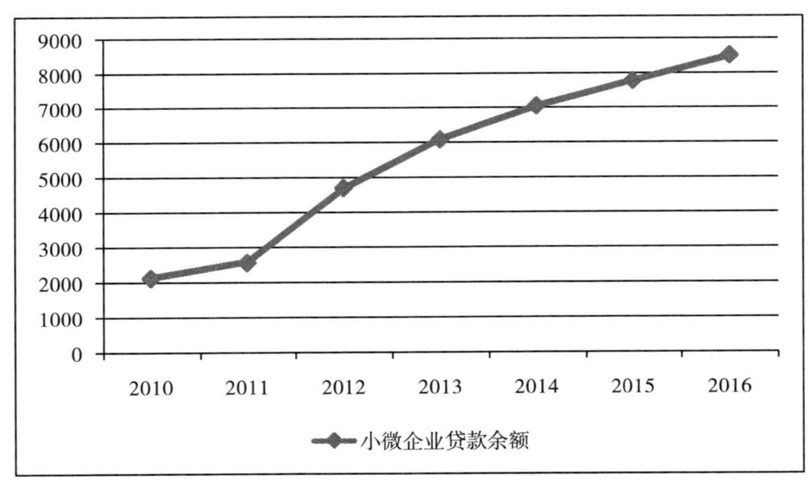

图2-6　2010年以来金融机构小微企业贷款余额

数据来源：安徽省银监局。

3. 助学贷款逐年增加

金融扶弱功能继续加强，社会薄弱环节信贷支持力度加大。2010年至2014年，全省金融机构助学贷款累计发放额分别为7.3亿元、9.7亿元、10.5亿元、11.1亿元、13.5亿元，2016年末安徽省生源地信用助学贷款共办理20.3万人，贷款金额达15.3亿元（图2-7）。

4. 其他民生工程贷款额度增加

全省金融机构积极支持安徽省政府民生工程，加大对薄弱环节的信贷支持。2010年，下岗失业人员小额担保贷款累计发放6.2亿元；农户贷款全年新增179.3亿元。2012年，县域金融机构贷款增长

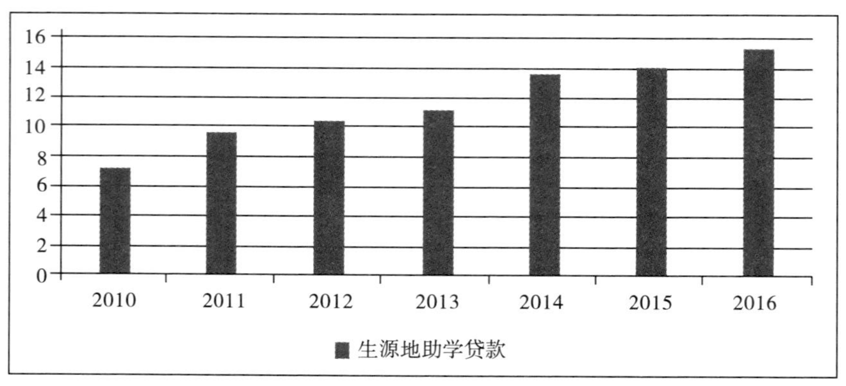

图2-7 2010年以来金融机构累计发放生源地助学贷款余额

数据来源：安徽省银监局。

22%，分别高于各项贷款增幅7.8个百分点和3.3个百分点，全年累计发放小额担保贷款4.9万笔，合计金额51.1亿元；2015年末，全省金融机构在全省片区县全面推进扶贫开发金融服务工作，全省贫困县各项贷款余额同比增长18.2%，高于全省平均水平3.3个百分点，全年新增贷款361.6亿元，占全省县域44.3%，比上年同期提升12.1个百分点，个人创业担保贷款同比多发放10.3亿元，棚改贷款实现全省16市全覆盖。

探索以农村金融改革促扶贫开发模式。以金寨县为例，2012年以来，安徽省围绕“抓金寨，促全省”的脱贫攻坚工作思路，通过农村金融综合改革推动扶贫开发工作。改革以来，金寨县不断完善农村信用体系、支付体系建设，金融供给状况和金融生态环境不断改善，探索出一条“普惠+特惠+特色”的金融扶贫路径，有力促进了农民增收、农业增效和农村经济发展。截至2015年末，金寨县贫困人口由2012年的19.3万人减至10.6万人，贫困发生率由30.1%降至18.1%；各项贷款余额99.5亿元，同比增长15.4%。

5. 财政资金支持普惠金融发展

2012年以来，安徽省政府安排专项资金和三公经费结余资金62亿元，并带动市县配套42亿元，用于充实县域国有融资担保机构资本金，用于引导金融机构扩大涉农贷款和担保资金规模。加大政策性农业保险支持力度，2008 年至 2014 年，全省各级财政累计投入保费补贴资金 70 亿元，保险基层服务体系基本形成，保险覆盖面逐步扩大，安徽省成为全国第一个农业保险全覆盖省份，累计为 1.1 亿户次农户提供 1795 亿元风险保障，赔付近 47.3 亿元，3724 万户次农户从中受益。省财政自 2015 年起连续 3 年每年安排 11 亿元，各市、县（市、区）等额配套，用于充实县（市、区）符合条件的政策性融资担保机构资本金。2016 年，省财政继续安排 10 亿元，充实市、县（市、区）续贷过桥资金。对县域金融机构发放的符合条件的涉农增量贷款，按年度贷款增量的 2%予以补贴。继续实施新型农村金融机构定向费用补贴、新设和引进金融机构奖励政策及企业上市（挂牌）奖励补助政策。

2017 年，安徽省财政安排 7000 万元普惠金融发展专项资金，专门用于普惠金融发展。积极布置各市县（市、县）及有关金融机构申报该项资金，安徽省共 155 家金融机构、30 个 PPP 项目申报普惠金融发展专项资金 11.3 亿元，其中：中央财政承担 6.5 亿元，地方财政承担 4.8 亿元。

6. 互联网金融发展迅猛

互联网的普及，促进了互联网金融的迅猛发展，办理金融业务时不受时间、空间限制的手机银行，逐渐成为人们生活中重要的金融工具。凭借“随心、安全、便捷、大额”的特点以及各项功能的不断丰富和完善，近年来安徽省手机银行逐渐占据了部分金融市场份额。以安徽农金为例，2014 年 4 月，安徽农金手机银行问世，当年 8 月份，手机银行用户数突破 100 万，累计交易 339.4 万笔，交易金额逾 579.9 亿元。2015 年 8 月，手机银行用户数突破 300 万，累计交易 2131.5 万笔，交易金额 3263.5 亿元。2016 年，手机银行用户数从年初的 400 万增加到年末的 600.06 万，短短两年间，一个便民、惠民、安全、可信、绿色、快捷的新型金融服务生态圈已迅速崛起。

截止 2017 年 11 月 30 日，安徽 P2P 网贷平台数量达 55 家，累计交易额 492.79 亿元，分别比去年增长了 19.57%和 85.61%；众筹平台数量几乎“腰斩”，仅剩下 9 家；安徽 7 家第三方支付机构持有牌照的业务类型均为“预付卡的发行和受理”，亏损状态普遍存在。

（三）完整性指标

1. 普惠金融产品创新活跃

各银行业金融机构针对小微企业、涉农企业、农户和建档立卡贫困户，创新低成本、可复制、易推广、“量体裁衣”式的金融产品。

开展农村承包土地经营权抵押贷款、农民住房财产权抵押贷款、农村土地收益权质押贷款和大型农机具融资租赁试点，积极开展林权抵押贷款。共有20个县开展农地抵押贷款业务、16个县开展农房抵押贷款业务，全省10个农地试点地区、2个农房试点地区已正式入选全国级试点。

结合区域产业特点、资源禀赋，因地制宜创新金融产品和服务方式，综合运用订单、动产质押和应收账款保理等方式融资，开发推广“公司＋农户”“公司＋农民合作社＋农户”“公司＋专业市场＋农户”等信贷模式。与扶贫开发相结合，通过农村产业发展带动扶贫开发，以岳西、利辛、金寨等7个贫困县为例，为解决部分无劳动力的贫困户持久脱贫问题，大力推进金融支持“光伏扶贫”工程[①]。截至2015年末，全省已发放光伏扶贫项目贷款1.2亿元，受益贫困户8367户。

为破解小微企业融资难题，畅通金融供给渠道，加大“税融通”[②]推广力度，向依法诚信纳税的企业提供信用贷款；创新开展“4321”[③]政银担合作试点，业务基本覆盖全省所有区域和主要金融机构。

2. 普惠金融服务渠道进一步拓宽

安徽省银行业金融机构在农村基础金融服务“村村通”工程引导下，向下延伸网点，广泛布设ATM、POS机、转账电话、自助服务终端等电子机具，在不具备金融服务点设立条件的行政村，重点推广“拎包银行”服务，切实提高农村普惠金融服务便利度。

---

① “光伏扶贫”：指针对准贫困村、贫困户、贫困人口而建设的“分布式光伏发电项目”。该项目直接由政府一次性投资建设，无须扶贫对象再投入人力成本，用户足不出户就可享受20年的稳定收益。

② “税融通”：指银行业金融机构根据中小微企业纳税情况，向依法诚信纳税的中小微企业提供一定额度的信用贷款或担保贷款。

③ “4321”：指政银担三位一体的担保风险分担和代偿补偿机制，即原保机构、省级再担保机构、银行、地方政府按照4：3：2：1比例承担代偿责任。

各银行业金融机构结合自身类型特色和业务特点，拓展小微企业金融服务渠道，线上大力推广手机银行、网络银行等新型终端，线下突出机构建设的专营定位，为小微企业提供多样化授信、支付结算、资产管理和咨询等综合金融服务，深化小微企业金融服务与“互联网+”的融合。推进农村地区电子渠道无障碍服务建设，丰富农村金融服务功能，逐步充实查询、银行卡和小额贷款受理功能。

以安徽省农村信用社联合社暨全省农商银行为例，2015 年初，安徽农金“社区 e 银行”平台上线并推广实施。通过该网络平台、手机，把无数家庭、个人与社区周边商户连接起来，产生交流交易，创造一个社区生活圈。城乡居民通过“社区 e 银行”，可以浏览社区周边商户的产品、服务和促销信息，在线预约下单，选择送货上门或到店消费，节约日常生活的成本和时间；社区商户通过免费在线开网店，线上向居民推送商品和服务，吸引居民到店消费体验；银行不收商户任何费用，免费为商户推销，商户销售资金随时到账，不占款，根据资金流水和诚信程度，银行会自动调整对商户的信贷额度。据安徽省联社统计数据显示，截止 2015 年 3 月 15 日，“社区 e 银行”已在淮南通商、宣城皖南、芜湖扬子、桐城、亳州药都、铜陵、铜陵皖江、金寨等 18 家农商行上线，累计注册用户 70277 户，“本地商圈”版块成功上线商户 805 户（已去除重复录入、已解约的商户）；“名优特惠”版块成功上线柏兆记食品、元庆堂花茶、傻子瓜子、齐源六安瓜片、启航茶油、鸿润、徽芝园等 7 户特惠商户。截止 2015 年 3 月 15 日，“社区 e 银行”累计销售 35603 件、259.79 万元，其中“本地商圈”版块团购累计销售 27868 件、144.33 万元；“面对面”支付 615 笔、17.92 万元；“名优特惠”累计销售 1947 件、27.05 万元；“精品预售”累计销售 5173 件、70.48 万元。

2017 年 6 月，安徽省农村信用社联合社暨全省农商银行在六安市召开发布会，正式推出全新聚合支付平台——“金农信 e 付”产品。“金农信 e 付”是继安徽农金手机银行、社区 e 银行之后，安徽省联社系统研发推出的又一项移动金融创新产品。“金农信 e 付”聚合支付产品，是被业内称为“第四方支付”的创新平台，将进一步改善全省城乡支付结算环境，不断推进全省农商银行普惠金融服务进程。

截至2017年5月末，安徽农金手机银行用户突破720万户，达到723.73万户，全省每8人中就有1人使用；社区e银行商户达到10.74万户，注册客户达到148.69万户，交易商品和服务674.58万件、4.41亿元。

3. 普惠金融服务机制优化

小微企业专营机制建设逐步完善，在总行设立专门的业务管理部门，一级分行设立专门部室，二级分行以下安排专人专岗。“三农”服务机制得到改进，农业银行“三农”金融事业部改革继续深化，邮储银行建立了“三农”事业部，农商行在董事会下设立“三农”金融服务委员会，建立了金融扶贫工作机制。国家开发银行、农发行有指定专门部门和专职人员，专司做好金融扶贫工作。其他银行业金融机构成立了扶贫工作专门组织架构。

4. 普惠金融贷款利率降低

2015年安徽省银行业金融机构运用支农、支小再贷款资金发放的涉农、小微企业贷款利率低于同期同类型贷款加权平均利率1.1个和1.0个百分点；运用再贴现资金办理的涉农、小微企业贴现利率低于同期同类型票据贴现加权平均利率0.7个和0.4个百分点。

2016年安徽省法人金融机构运用支农再贷款发放的涉农贷款加权平均利率低于同期同档次涉农贷款利率2.91个百分点；涉农、小微企业再贴现票据加权平均贴现利率分别较其全部涉农、小微企业票据直贴利率低0.13个、0.09个百分点；运用抵押补充贷款发放的棚户区改造、农村路网改造等项目贷款也按照保本微利原则，执行利率不高于中国人民银行总行指导利率。

二、普惠金融服务经济效率提高

金融是现代经济的核心，研究表明：适当的金融改革能有效地促进经济的增长和发展，使金融深化与经济发展形成良性循环。金融运行正常有效，货币资金的筹集、融通和使用就会充分而有效，社会资源的配置也就合理，对国民经济的良性循环所起的作用也就明显。

（一）普惠金融对地方经济贡献度

本节采用安徽省 2010—2016 年全省第一产业增加值与全省金融机构发放涉农贷款余额数据，衡量金融对地方经济的贡献，两项数据都保持增长趋势，表明二者变化可能存在相关关系；将这两项数据做回归后（图 2－8），发现二者相关程度很高，每增加 1 单位贷款，就能增加 0.1153 单位第一产业产值，说明金融供给的增加，有效推动了地方经济的发展，安徽省农村普惠金融供给的宏观经济效率显著。

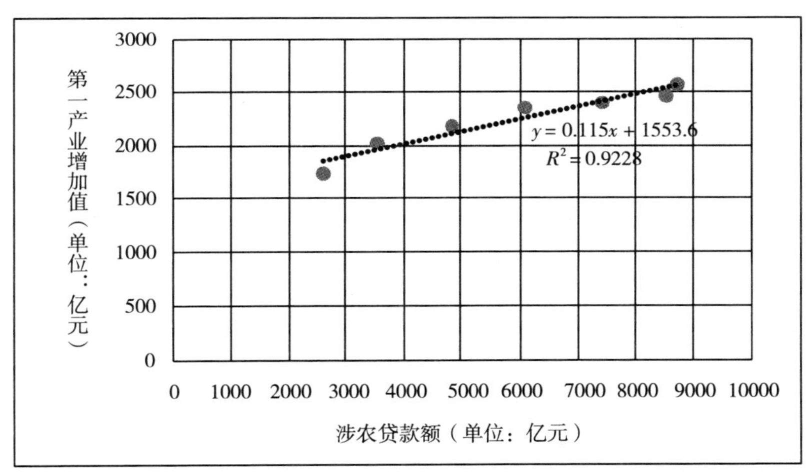

图 2－8　2010 年以来涉农贷款额与第一产业增加值回归关系

数据来源：安徽省银监局，安徽省统计局。

（二）普惠金融对农民收入贡献度

本节采用安徽省 2010—2016 年农村居民可支配收入与全省金融机构发放涉农贷款余额数据，衡量普惠金融对农村居民收入增长的贡献，两项数据都保持增长趋势，表明二者变化可能存在相关关系；将这两项数据做回归后（图 2－9），发现二者相关程度很高，每增加 1 单位贷款，就能增加 1E—08 单位农村居民收入，说明金融供给的增加，有效增加了农村居民收入，安徽省农村普惠金融供给的微观经济效率显著。

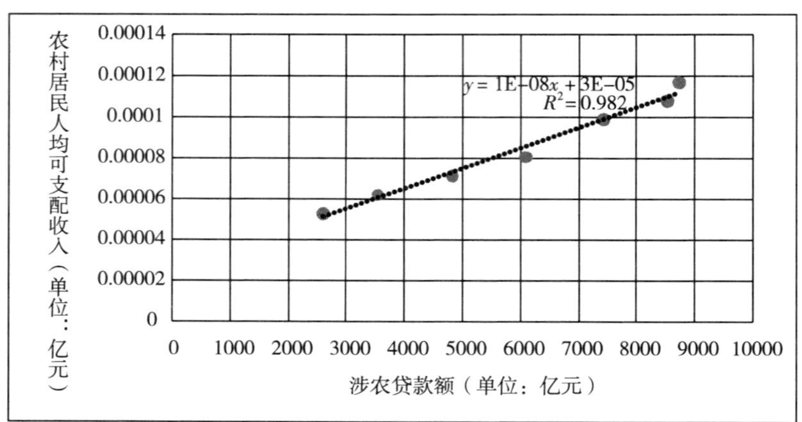

图 2－9　2010 年以来涉农贷款额与农村居民人均可支配收入回归关系

数据来源：安徽省银监局，安徽省统计局。

三、普惠金融服务可持续性增强

中央对农村普惠金融体系发展要求不只是广覆盖，满足农民金融需求，还必须可持续、能长期提供农村金融服务。金融机构可持续发展能力指的是一种无须任何外部补贴或扶持的独立自主的发展能力。基于数据的可得性等因素，本节选取金融机构资产总额、不良贷款率等指标衡量农村金融机构可持续发展能力。

（一）普惠金融机构资产总额逐年增长

以安徽省农村普惠金融主力——小型、新型金融机构为例，从两种样本金融机构资产质量统计数据看（图 2－10）：小型金融机构资产总额逐年增加，从 2010 年末的 3335 亿元增长到 2016 年末的 10552 亿元，增长率接近 217%；新型农村金融机构总资产额从 2010 年末的 45 亿元增长到 2016 年末的 552 亿元，增长近 11.27 倍。表明农村普惠金融机构资金实力显著增强，支农服务能力明显加大。

（二）资本充足率提高，资本利润率增长

2016 年末，安徽省农商行平均资本充足率 13%，有 81 家农商银行资本充足率（巴Ⅲ口径）在 10.5%以上，而 2002 年前只有 2 家机构高于这一比例；平均拨备覆盖率近 200%，而 2002 年前全省农合机构

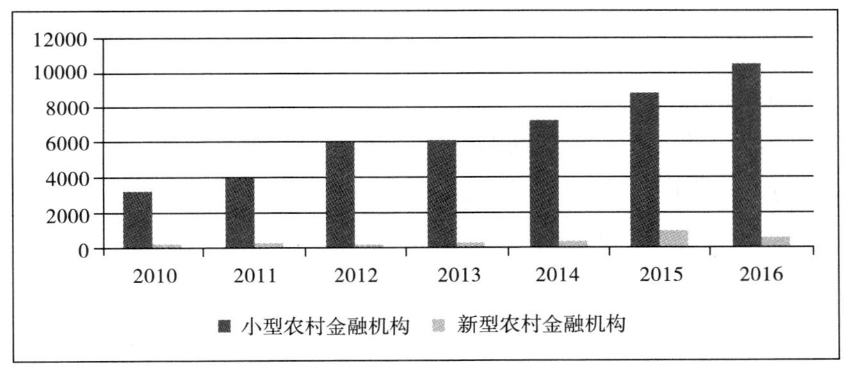

图 2-10 农村小型、新型金融机构资产总额

注：(1) 小型农村金融机构包括：农村商业银行、农村合作银行、农村信用合作社；

(2) 新型农村金融机构包括：村镇银行、贷款公司、农村资金互助社。

数据来源：安徽银监局。

没有一家能达到这一标准；资产减值准备达 190 亿元，风险抵补能力极大增强。农商行、村镇银行流动性比例分别为 56.95%和 64.31%，流动性较为充裕。2014 年全省农商银行营业收入突破 430 亿元，是 2002 年的近 18 倍；实现净利润由 2002 年的－0.49 亿元扭亏为盈到 2014 年的 73.37 亿元；平均资本利润率 14.5%、平均资产利润率 1.1%，均大大高于 2002 年水平，说明抗风险能力和盈利能力显著增强。

四、普惠金融制度供给逐步完善

普惠金融政策的贯彻实施，离不开政府有关部门的引导和影响。中国人民银行、财政部和相关金融监管部门积极促进农村普惠金融健康发展，引导金融机构为农村地区低收入阶层提供价格合适的金融服务，为农村普惠金融发展创造适宜的政策环境。自党和政府确立推进普惠金融的方针政策以来，安徽省政府、银监局等部门及时制定本省普惠金融发展政策和规划，积极推进本省的普惠金融事业发展，政策目标明确，措施得当。

（一）农村金融综合改革试点工程成效显著

2012 年 6 月，时任全国人大常委会委员长吴邦国同志深入安徽省金寨县考察调研扶贫开发工作，提出在金寨县试点农村金融综合改革。此后，安徽省先后在金寨、凤台启动了农村金融综合改革试点工作，打通农村金融服务“最后一公里”，成效明显。

2014年10月，安徽省政府决定将改革扩大到全省20个农村综合改革试点县（区）。2015年2月，安徽省政府出台了《安徽省人民政府关于全面深化农村金融综合改革的意见》，共30条政策措施，农村金融综合改革由原有的试点20个县（区）向全省县域全面推开，提出加快建设信用体系，主要包括以县（市、区）为单位建立动态征信数据库和加强信用信息运用；改善金融基础设施，包括实施基础金融服务“村村通”工程和加强农村支付体系建设。改革目标为：到2017年，县域存贷比达到65%左右；农村保险深度和密度进一步提升；县域直接融资比重有较大幅度提高；县域融资担保放大倍数达到5倍以上；农村金融基础设施现代化水平明显提升；县域征信体系全面建成；涉农金融机构特别是地方法人金融机构进一步发展壮大。基本形成多层次、广覆盖、低成本、可持续的现代农村金融服务体系。

（二）土地确权等政策奠定金融产品创新基础

2014年4月1日，安徽省出台《安徽省农村土地承包经营权确权登记试点工作操作方案（试行）》，在省内20个农村综合改革示范试点县（区）全面开展。农村土地承包经营权抵押贷款试点，逐步缓解了农户和小微企业由于抵押品缺乏导致的融资难问题。以五河县为例，五河县在农村土地确权登记的基础上，由村委会与银行签订监管协议，农户以农地经营收益权和宅基地使用权进行抵押贷款，并创新了“企业评级＋信用担保＋财政贴息＋贷款投放”四位一体的信贷新模式，取得了较好成效，目前共有20个县开展农地抵押贷款业务、16个县开展农房抵押贷款业务。2015年9月20日，安徽省政府出台《关于金融支持服务实体经济发展的意见》，提出设立续贷过桥资金、实施新型政银担合作机制、开展“税融通”业务、推进“两权”抵押贷款试点等12个方面工作，进一步为金融产品创新指明了方向。

（三）“光伏扶贫”成为金融扶贫切入点

2015年6月17日，安徽省人民政府办公厅印发《关于实施光伏扶贫的指导意见》，推进贫困村和贫困户开展光伏扶贫，确保至2020年同步实现全面小康。各地金融机构结合区域产业特点、资源禀赋，与扶贫开发相结合，岳西、利辛、金寨等7个贫困县通过农村产业发展带动扶贫开发，大力推进金融支持“光伏扶贫”工程。截至2015年末，全省已发放光伏扶贫项目贷款1.2亿元，受益贫困户8367户。

（四）普惠金融发展实施意见确立了发展前景

2014年6月18日，安徽省政府出台《关于金融服务“三农”和实体经济发展的意见》，提出了深化金融体制机制改革、大力发展普惠金融等十个方面的实施意见。2016年6月1日，为推进普惠金融发展，增强所有市场主体和人民群众的金融服务获得感，安徽省政府印发《安徽省人民政府关于推进普惠金融发展的实施意见》（以下简称《意见》），提出到2020年，建立与全面建成小康社会相适应的普惠金融服务和保障体系，有效提高金融服务可得性，特别是让小微企业、农民、城镇低收入人群、贫困人群和残疾人、老年人等及时获取价格合理、便捷安全的金融服务。《意见》紧密结合安徽金融改革发展实际，从提高金融服务的覆盖率、可得性和满意度出发，提出推进普惠金融发展各项任务及措施，对于国家推进普惠金融发展的任务要求，均结合本省实际进行细化。其中，对深化农村合作金融机构改革，推进全省农村金融综合改革，推广续贷过桥资金、“4321”新型政银担合作模式、“税融通”业务等本省金融改革发展持续推进的工作，在原有工作基础上进一步延续深化，突出体现了安徽特色。

第二节　安徽农村普惠金融供给存在的问题

安徽省普惠金融在覆盖广度、深度等方面都有明显的改善，可持续发展能力也有所增强，并取得了一定的经济效率，提供的制度保障也在逐渐完善，总体来看取得了一定的成绩，但依然存在着一些问题。

一、金融机构网点覆盖不均衡

从普惠金融覆盖广度指标分析中，发现 2011 年至 2015 年末，安徽省农村普惠金融机构主力军小型、新型金融机构网点数量除 2012 年外，其余年份均保持增长（图 2－3），与上年相比的增长比率分别为：13.34、－10.25、3.59、2.88、16.73 个百分点，按照全省乡镇 1249 个计算，2010 年至 2015 年间，平均每个乡镇小型、新型金融机构网点分布总量最少为 2010 年的 2.37 个，最多为 2015 年的 3 个；但从调查的某县金融网点分布数据看，该县 2012—2015 年乡镇数量都是 11 个，在此期间该县乡镇金融机构网点数量分别是 3、4、5、5 个，说明 2012 年以来，该县有多半乡镇银行网点空白，POS 机或其他存取款设备数分别为 6、8、8、10 个，说明该县存取款设备也没实现全覆盖。

该县与全省总体在小型、新型金融机构网点分布数量的偏离，存在金融机构网点覆盖不均衡现象，说明安徽省部分地区普惠金融覆盖广度还有待提高。

二、农村地区资金外流依然存在

从普惠金融覆盖深度指标分析中，发现自 2012 年普惠金融实施以来，涉农贷款额增长迅速，同比增速分别为 26.5%、23.3%、17.3%、14.9%（图 2－5），均高于同期各项贷款增速。说明金融机构投放于农业贷款逐年增加，普惠金融深度得以增加。

但从调查的某县数据看，2012—2015 年该县历年乡镇金融机构存款总额分别为：102.78 亿元、106.47 亿元、119.4 亿元、123.4 亿元，贷款总额分别为：47.52 亿元、51.63 亿元、59.72 亿元、63.9 亿元，相应存贷比为：46.2%、48.5%、50%、51.8%，虽然存贷款余额历年都在增长，存贷比逐年上升，但是存贷比不高，说明县域吸储多于放贷，资金依然大部分外流，而不是被用来支持本地经济发展。从调查的 6 家金融机构来看，农户贷款额占总贷款比率最高为 62.7%，最低为 3.1%，其余为 60%、56.2%、54.1%、19.7%，说明农民贷款可获得性依然不高，逆向资金流动有待扭转，普惠金融覆盖深度还有待进一步深化。

三、适合农民需求的金融产品和服务供给不足

虽然土地确权等政策已经出台，为金融机构产品创新提供了一定的政策保障，金融机构产品和服务在缓慢增长，但还没有实现乡镇网点全覆盖，金融产品和服务依然不足。

从调查的 6 个样本金融机构来看，其提供的金融产品和服务主要包括：存款、生产性贷款、消费贷款、支付、汇兑结算、保险产品、各类惠农补贴代理发放、代收代付等；接受的抵押物类型中，3 家农村信用合作社可接受的抵押物类型包括：国有出让土地、房产、车辆、设备、农房；2 家农村商业银行可接受的抵押物类型包括：国有出让土地、房产；1 家农业发展银行可接受的抵押物类型包括：国有出让土地、房产及其他。

从 6 个样本金融机构来看，样本机构提供的金融产品和服务种类较多，但是能接受的抵押物较少，使得农户等部分农村资金需求者考虑到过高的交易成本和贷款拒绝率，认为自己肯定不能获得贷款而放弃申贷努力，说明这些金融服务并非切实从农民自身需求出发，限制了农户信贷的可获得性，供给型金融抑制现象依然存在。金融产品和服务只限于传统业务领域，产品创新较少，理财等业务领域在农村基本空白。

四、部分农村金融机构经营管理效率偏低

金融机构经营管理效率事关其盈利能力、可持续发展能力。如果农村金融机构经营管理能力低下，虽然由于其服务对象的特殊性，可能获得国家政府给予的扶持政策，如专项中央银行票据、专项借款、企业所得税优惠、营业税优惠等，但补贴等优惠政策一旦取消，这样的金融机构就会陷入生存危机，相应影响到农村金融供给。

2016 年末，中国商业银行不良贷款率为 1.74%，安徽省银行机构的不良贷款率为 1.63%，其中，安徽省农商行、村镇银行等农村中小金融机构不良率较高，达 2.48%，虽较 2002 年大幅下降，但比全国

和全省的商业银行平均水平都高。通过安徽省某家样本金融机构资产质量调查数据可知：该家农村信用合作社从 2013—2015 年正常类贷款占比从 90%，逐年下降为 87%、85%；不良贷款占比分别为 7%、8%、9%，逐年上升的不良贷款比率，表明该农信社经营管理水平有待提高，可持续发展能力有待增强。

五、农村普惠金融立法滞后

农村金融风险大、成本高、收益低，商业金融机构支持“三农”的内生动力不足，因此农村普惠金融政策推行中，还需政策金融、合作金融、民间金融、公益性小额信贷组织等的参与。然而随着农村金融改革的逐步推行，农村金融立法的滞后问题凸显出来。当前，我国调整农村金融的法律主要有《中国人民银行法》《银行业监督管理法》《商业银行法》等基本金融法，其中并没有专门调整农村金融市场法律关系的立法。日常农村金融的法律关系调整主要还是依靠相关部门的行政法规和规章。而作为农村金融主体的农村信用合作社也没有专门的法律进行规范，依然处于多头管理的局面。同时，现今较为活跃并逐渐成为农村金融强心剂的农村民间金融也缺乏法律规制，这严重影响其功效的发挥和农村经济的发展。由此可见，加强农村金融立法迫在眉睫。

第三节　安徽加强农村普惠金融供给的建议

由于农村金融市场的特殊性和复杂性，发展农村普惠金融既需要“自上而下”的制度设计，也需要“自下而上”的积极探索，制度设计上，需解决对普惠金融指导思想问题，研究和制定包括政策性、商业性、合作性金融和民间金融协调发展和相互配合的完整的战略规划、执行计划、实施措施和监督考核制度；实践探索要总结、推广合适的经验，鼓励组织、制度、产品等创新。结合安徽省农村普惠金融供给存在的问题，提出以下建议。

一、优化农村普惠金融网点布局

鼓励正规金融开设普惠金融网点，引导大型商业银行履行社会责任，为发展普惠金融做贡献，支持各大银行和农村商业银行开设服务“三农”和小微企业的网点，进一步规范发展新型农村金融组织，探索小微信贷新模式，扩大县支行小微信贷审批权；争取在农业人口较多及小微企业集中的市辖区设立村镇银行；探索组建村镇银行金融服务公司；积极争取民营银行试点；稳妥开展农民合作社内部资金互助试点；鼓励有条件的地方建立合作性的村级融资担保基金；支持大型农机具生产企业发起设立主要服务“三农”的金融租赁公司；鼓励民间资本在县域发起设立融资租赁公司、典当行；鼓励民间资本建立中小银行，为中小银行建立存款保险制度；构造产业链金融和土地金融，充分利用农村经济资源规避农村金融风险。

发展普惠金融既要运用传统金融业态，也要利用POS机、手机银行、网上银行等新科技手段和P2P互联网金融等新型金融业态，改善农村金融需求主体分散、信息不完备、风险高的劣势，降低成本，克服信息不对称，为小微企业和弱势群体服务。

二、积极引导农村资金回流

金融机构将吸纳的农村储蓄资金转投风险低、成本低的大中型企业是普遍现象，其理由是农村不具备吸收太多资金的条件，但农村总体来说是资金缺乏。解决这一棘手的“两难”问题措施之一即：设立普惠金融发展基金，将所有金融机构每年营业收入的1%抽调出来放进设立的“农村金融普惠基金”，对设立的这一基金，可以由国家指定用途、运营机构、运作流程和监督管理规则，统一调度。制定一套农村普惠金融发展基金管理办法来支持“三农”和农村小微企业对金融的需求，可以解决当前农村地区用不了这么多钱的矛盾，也可以解决存款主要用于农村的实际操作问题，集中起来的钱统一调度，就不会发生效率低下的困难，也不存在资金投不下去的问题。

积极落实农村金融机构定向费用补贴、县域金融机构涉农贷款增量奖励等政策。加大金融政策支持力度。落实新增存款用于当地和商业银行新设县域分支机构信贷投放承诺制度。改进法人银行业金融机构合意贷款管理，鼓励在风险可控的前提下多存多贷。进一步改进存贷比管理，增强存贷比指标弹性。灵活运用支农支小再贷款、再贴现、差别存款准备金率等政策工具，引导银行业金融机构强化对县域的信贷资源配置，确保涉农和小微企业贷款增幅不低于各项贷款平均增幅。健全对银行业金融机构的绩效考评体系，引导其统筹经济效益和社会效益，树立正确的目标导向。对符合条件的小微企业和“三农”融资担保贷款，可不列入存贷比考核范围；对银行不承担风险或者只承担部分风险的，可适当下调风险权重。

三、创新适合农民需求的金融产品、服务和渠道

普惠金融的主要任务是为传统或正规金融机构体系之外的广大中、低收入阶层甚至是贫困人口提供机会，为贫困、低收入人口和小微企业提供可得性金融服务，因此在实现普惠金融的过程中有必要对传统金融体系进行创新。

提高金融产品创新能力，增加适合农村金融主体需求的金融产品。对于规模化经营的新型农业经营主体和农村中小企业，探索开展农地、宅基地、林地等抵押贷款，试点建立区域农村产权交易平台，并配备建立风险补偿或担保机制。鼓励农村金融机构根据需求主体的不同建立差异化的涉农信贷管理体系，探索以大额订单、大棚设施、应收账款为标的的抵押贷款业务，大力推行农产品供应链融资，探索核心企业担保、同业互保等信贷新模式。同时政府可以利用自身信息优势建立新型农业经营主体和农村中小企业名录数据库，利用互联网积极搭建与农村金融机构的信息服务交流平台，以提高涉农信贷的成功率。

四、提高农村金融机构经营管理效率

在调研的 6 家金融机构中，农村信用合作社的资产不良率偏高，经营管理能力有待提高，可持续发展能力不足，而安徽省农村信用合作社已经全部转制为农村商业银行，因此有必要推进农村信用社转制

工作，加快产权改革，确保农村信用社及其产权改革取得实效，促进法人治理结构的完善和经营机制的转换，各级监管部门指导和督促全省农村商业银行建立“三会一层”架构，配备独立董事，设立三农委员会，进一步完善公司治理，健全内部运行机制，转换经营机制，深化内部改革；实施差异化监管，开展“合规文化建设年”活动，进一步完善内控制度，加强执行力建设，切实防范各类风险；规范标杆银行和流程银行建设，进一步完善服务手段，改进服务方式，提高服务效率，为地方经济发展做出新的贡献。

五、完善农村普惠金融促进法制建设

农村普惠金融供给主体具有多样性，大型商业金融机构有法可依，而政策性金融机构和一些新型金融机构缺乏法律约束，监管不到位，是其不规范发展的主要原因。

尽快进行政策性金融、合作性金融的基本立法。只有健全完善的农村金融监管立法，才能保障农村政策性、合作性金融机构的改革朝着法制化和规范化的方向发展。因此，应加快立法进度，尽快逐一构建《中国农业发展银行法》《合作金融法》等基本法律，只有这样才能对农村政策性金融、商业性金融、合作性金融等作出明确法律界定和规范，保证其服务三农功能的有效发挥。

尽快健全完善现有的农村金融监管法律制度，特别是有关监管法律关系主体的规定，制定出与之相适应的具体实施细则，强化其可操作性，兼顾时效性与前瞻性，同时要对有关法律制度加以清理，尤其是对不适应农村经济环境的条款及时进行废除。

出台支持鼓励公益性小额信贷组织发展的政策。对公益性小额信贷组织，至今相关主管部门还没有具体的支持鼓励发展的政策法规，这类由社会组织或非政府组织开展的小额信贷活动，具有追求社会发展的使命、定位和功能，并努力追求自身的可持续发展，这些组织在欠发达和贫困地区的农村以小额信贷扶持低收入和贫困农户发展，所发挥的作用尤其显著。政府近年来多次重申支持和鼓励各种类型小额信贷组织的发展，希望支持、鼓励公益性小额信贷组织发展的政策法规能早日面世。

六、提高农村普惠金融服务人员素质

生产力的“三要素”中，人是最能动、最活跃、最根本的因素，要解放和发展生产力就必须不断提高劳动者的素质，不断提高劳动者的身体素质、科学文化知识、思想道德品质。因此21世纪企业的竞争归根结底是人才的竞争，人才竞争力是构成企业核心竞争力的最核心部分，因而人力资源成为企业最宝贵的资源。谁能够发现人才，培养人才，努力创造环境和条件吸引人才，留住人才，用好人才，谁就能够抢占竞争高地，只有拥有人才，并且合理、高效地使用人才，才能拥有优势。因此，鼓励和引导县域金融机构以增强市场竞争力为目标，引进和培养各类专业人才，进一步提高县域金融机构从业人员素质，打造一支高素质的专业人才队伍，是提升农村金融机构竞争力的核心。

国务院关于推进普惠金融发展目标是：到2020年，建立与全面建成小康社会相适应的普惠金融服务和保障体系，有效提高金融服务可得性，明显增强人民群众对金融服务的获得感，显著提升金融服务满意度，满足人民群众日益增长的金融服务需求，特别是要让小微企业、农民、城镇低收入人群、贫困人群和残疾人、老年人等及时获取价格合理、便捷安全的金融服务，使我国普惠金融发展水平居国际中上游水平。安徽省农村普惠金融发展距离国务院要求的普惠金融发展目标还有一段差距。

第三章　安徽农户融资需求分析

第一节　农户融资需求影响因素分析

农户的融资需求是在农村金融市场的大环境下产生的农户个人需求，是农户个人因素和金融市场因素双重作用下的结果，因此，本节从宏观和微观两个角度研究农户融资需求的影响因素。农户的个人禀赋包括年龄、文化程度、家庭人口结构、收入水平和家庭生产类型；金融市场要素包括与融资直接相关的三个要素：融资利率、融资周期和融资期限。

一、个人禀赋

（一）年龄

生命周期理论认为，个体将根据其所处的不同生命阶段合理安排消费和借贷。而个体借贷需求的状况根据其在不同生命周期的收入多寡呈相反状态：个体的收入呈倒 U 型，家庭借贷情况呈正 U 型。

幼年至学业结束的阶段，人的主要任务是自我成长，主要由家庭供给，对资金并没有过多的需求。青年时期，农户没有家庭的负担，生活性支出较少，并且农户此时生产能力较弱，一般没有扩大生产的需求，所以对生产资金的需求较少。中年时期是农户生产力最强的时候，也是资金压力较大、资金需求较为旺盛的时候，此时农户处于扩大生产的阶段，对农业生产资金的需求较大；同时农户还需要承担家庭的重担，子女抚养、教育医疗、赡养老人等各种支出络绎不绝，生活性支出较大。在老年时期，农户的家庭稳定，子女抚养和教育的压力基本消失，赡养老人的压力也基本消失，所以生活支出骤减；在农业生产方面，农户扩大生产规模的欲望基本消失，农业生产规模趋于稳定或减小，生产资金压力减小。

（二）文化程度

文化影响人的认识活动、实践活动和思维方式。农户受教育程度不同，在认知和实践活动中会做出不同的行为选择。文化水平较低的农户对农业生产的新科技、新方法等可能认识较浅，所以农业生产种类、方式和规模比较保守，投入的生产资金少，生产资金缺口较小，但是由于农业生产趋于保守，所以生产收入较少，可能存在生活性的资金缺口。与之相反，文化水平较高的农户对农业生产的新技术、新品种等接受程度和实践程度都比较高，会想方设法扩大自己的生产规模，对生产投入较高，可能存在较多的资金缺口。另外，文化水平较高的农户对金融知识了解较多，对银行的贷款政策和产品了解更多，所以更可能产生银行资金借贷需求。

（三）家庭人口结构

目前中国式家庭主要是三代同居：父母、中间一代、子女。其中中间一代是主要劳动力，负担主要家庭收支。因为农村居民的劳动年限一般比较长，所以父母一辈也会负担一部分的家庭负担。人口规模大代表着收入更多，尤其家庭劳动力人数多能更好地改善家庭的收入状况，但它也代表着支出将会更多。国内学者研究表明，农户家庭人口规模对家庭生活性支出有正向影响。根据国内学者采用“中国家庭追踪调查（CFPS)”微观调查数据研究，少儿抚养和老年抚养的增加将显著增加家庭负债规模。并且小规模家庭的借贷比率较高，这是因为经济上可共同承担风险的家庭成员更少。所以，不同的家庭人口结构和人口规模导致了消费、收入以及借贷情况的不同。

（四）收入水平

收入是决定家庭借贷状况最直接的因素，它确定了家庭融资的需求状况和融资的还款保障。一方面，农户的家庭收入水平高，家庭资产积累就会更加丰厚，资金的缺口一般比较小，但也不排除收入高但生产规模大、生产投资多的情况，这类农户的生活性资金不会缺乏，生产资金的需求缺口不确定。另一方面，农户很难获得银行贷款的原因有农户无法提供抵押物、没有可靠稳定的还款保障。农户的还款来源一是现在和未来的收入，二是家庭财富的积累。农户收入水平高就意味着其有可供融资的抵押物，有较强的还款保障，还款能力强，所以收入水平高的农户显然更容易获得银行贷款和民间借贷资金。

（五）家庭生产类型

由于城市化和工业化的推进，中国农户改变了原本只依靠农业生产的生存方式，大批农户涌入城市的各个角落成为规模庞大的农民工，长期以务工为主或是补充城市的各个其他岗位。还有大批农户开始经商、创业，活跃于市场经济的各个行业。还有一部分农户继续从事农业生产，成立合作社进行大规模经营等。

根据农户家庭的主要收入来源将农户分为纯农户、兼业农户和非农户。纯农户指家庭收入主要依靠农业生产的农户，这类农户的生产资金主要用于农业生产。其中，种植大户、养殖大户等大规模生产者和农场经营农户需要大量的生产资金，可能存在较大的生产资金缺口，其他小规模农业生产者资金需求不高，生产资金缺口较小。兼业农户指家庭收入既依靠农业生产，又依靠务工劳动、买卖经营等方式的农户，这类农户的收入来源更加广泛，相对于小规模纯农户，其资金充足程度更高，融资的需求较小。非农户指基本不从事农业生产或农业生产很少、仅作为家庭生存补充的农户，他们基本上仅保留了农村户口，以经商、务工为主要收入来源，收入较为稳定，一般不会有太大的资金需求。

二、金融市场因素

（一）融资利率

融资成本是影响融资需求的一个重要因素，融资利率的高低代表了融资成本的高低。融资利率高意味着农户需要为融入的资金承担更多的利息，融入资金的实际可用额度减少，所以融资利率降低，会刺激农户增加融资。通过国内学者对农村金融市场和农户借贷行为的研究，发现亲友借贷基本都是无息贷款，也是农村市场最普遍的融资方式。银行融资利率较低，满足银行贷款条件的农户的大额资金借贷一般都会选择银行。民间资本借贷的利率相对较高，有紧迫需求的农户一般会忽略利率因素，选择民间借贷。

利率越低，农户的还款压力越小，越会突破农户的心理防线，将不确定的需求变成确定的借贷行为，刺激农户进行融资。

（二）融资周期及融资期限

融资周期是农户从开始申请贷款或请求借款到真正拿到资金的时间。融资期限是农户融入资金后可使用的时间。一般来说，融资周期越短说明融资效率越高，农户等待时间越短，资金的使用效率更高。融资期限越长，农户可支配资金的时间更长，更容易满足需求。

亲友借贷方便、快捷，农户在借贷请求发出后几乎可以立即获得资金，而且，亲友借贷一般不会有还款期限的约束，资金自由支配时间长。这也是亲友借贷成为农户融资首要选择的重要原因。民间借贷同样不需要很长的融资周期，资金融入的时间很短，虽然规定了还款期限，但是一般期限可以延长，这也是民间借贷即使资金成本高但长盛不衰的一个重要原因。相对来说，银行等正规金融机构的贷款，办理手续烦琐，融资周期长，融资期限有明确的规定且不可延期。所以，农户在进行融资时还会考虑这笔融资是否便捷，能否满足自己的期限要求，在各方面条件都满足的情况下，农户的融资需求才会更加的强烈。

第二节 安徽农户融资需求的现状分析

一、调研区域介绍和数据来源

安徽省地处华东地区，全省面积 14.01 万平方千米，粮食播种面积 9966.8 万亩。截至 2017 年底，全省人口 6254.8 万人，其中从事农业生产经营者 1557 万人。安徽省 2017 年总产值为 27518.7 亿元，其中第一产业产值为 2611.7 亿元，占比 9.5％。农业生产以种植业为主，以36岁以上的小学初中文化者为主要劳动力，男性稍多于女性。

表3-1　安徽省农业生产经营人员数量和结构

指　标	全省（%）
农业生产经营人员总数（万人）	1557.0
农业生产经营人员性别构成	
男性	51.3
女性	48.7
农业生产经营人员年龄构成	
年龄35岁及以下	17.0
年龄36～54岁	48.6
年龄55岁及以上	34.3
农业生产经营人员受教育程度构成	
未上过学	11.8
小学	36.8
初中	45.8
高中或中专	4.6
大专及以上	1.0
农业生产经营人员主要从事农业行业构成	
种植业	94.7
林业	1.7
畜牧业	2.1
渔业	0.7
农林牧渔服务业	

数据来源：安徽统计局。

本节采用安徽财经大学2017年《安徽省普惠金融调研》的调研数据。本次调研在2017年暑期组织学生在安徽省下辖的16个市的农村地区，以农户为调查对象进行随机抽样调查，共发放调查问卷650份，回收有效问卷624份，有效率为96%。本节调查了安徽省16个市的大部分乡村，确保获取最全面有效的数据，归纳总结出安徽省农户融资需求的一般特性，以小见大，对更大范围的农户融资需求研究提供帮助。

在进行问卷设计时，首先查阅已有研究文献了解相关理论以及实践调研情况，先从理论层面进行推导，分析农户融资需求的行为特征，以及可能存在的影响因素。在此基础上设计问卷内容，设置能反映农户融资需求的相关问题，做到科学全面。

调查问卷的问题有选择题和问答题两种形式，主要分为五大模块：①家庭基本情况，包括户主年龄、性别、文化程度、家庭人口结构、子女上学情况；②家庭经济情况，包括家庭收入情况、收入来源、主要支出等；③农户金融需求情况，包括农户融资规模、途径、动机等；④参与普惠金融的情况，包括参与传统银行、合作金融、互联网金融等。

二、样本农户的基本情况

（一）样本农户的年龄与文化程度

样本农户户主的平均年龄为45.8，以41～50岁为主体，占比高达42.9%，其次为31～40岁和51～60岁年龄段的人，可见农户户主年龄呈正态分布，农村劳动力以中年为主，我国农业生产规模小，年轻人多外出务工，见表3-2所列。

表3-2 样本农户年龄分布

年龄（岁）	20～30	31～40	41～50	51～60	60以上
个数	59	119	268	126	52
百分比（%）	9.5	19.1	42.9	20.2	8.3

从文化程度分布上看，样本农户大多是初中及以下文化程度，占比高达69.6%，高中及中专占比20.7%，大专及以上仅占1%（表3-3）。可见，目前我国农民整体文化素质不算太低。

表 3－3　样本农户文化程度分布

文化程度	小学及以下	初中	高中及中专	大专及以上
个数	195	239	129	61
百分比（%）	31.3	38.3	20.7	1

（二）样本农户家庭规模

中国农村家庭多为三代或两代同居，前者以第二代为劳动力，后者以第一代为劳动力。样本家庭的总人口数平均值为 4.5，劳动力数为 2.9，占家庭总人口的 64.4%；外出务工人数平均值为 1.2，占家庭总人口的 26.7%，见表 3－4 所列。

表 3－4　样本家庭人口状况

	家庭总人口	家庭劳动力数	外出务工人数
平均值	4.5	2.9	1.2
中位数	6	2	0.6
最大值	13	9	6
最小值	1	0	0

（三）样本农户的经济活动

由于中国改革开放和市场经济改革的不断推进，农户生产经营的多元化愈加突出，中国农户已经告别了以往仅依靠农业生产的单一收入模式，收入来源不断丰富。农户从事的生产经营不同，其融资需求状况也不同。

依据农户收入来源的不同，本节将农户分为三类：一是纯农户，主要收入来源是农业生产；二是兼农户，收入来源依靠农业和非农业；三是非农户，其主要收入来源是非农业，基本不从事农业生产或生产规模非常小。在农村经济转型发展的阶段，仅仅依靠土地很难维持生存，纯农户也越来越少，大多数是土地生产和其他生产经营方式共同发展的兼业农户，土地生产在家庭经济结构中的地位在逐渐降低，还有一部分农户已经完全脱离土地生产成为非农户，主要依靠其他收入来源。从表 3－5 可以看出，样本农户中，仅有 20 个农户完全依靠土地生存；兼业农户为 579 户，占比 92.8%；而完全脱离农业的农户有 25 户。

表 3－5　样本家庭所从事行业

	农业生产	兼业	非农生产
户数	20	579	25
所占比例（%）	3.2	92.8	4

本节将农户的家庭年收入分为三个层级：年收入在 5 万元以下的为低收入家庭，此类农户家庭主要从事农业生产，基本不从事其他经营活动；年收入为 5～10 万元为中等收入家庭，此类农户家庭属于兼业农户型；10 万元以上的为高收入家庭，这类农户大多属于非农生产型，或者经营较大农场的农户家庭。除了有 11 户农户因保护隐私拒绝回答外，在 624 个样本中，高收入家庭占比 28.5%，中等收入家庭占比 43.6%，低收入家庭占比 26.1%（表 3－6）。

表 3－6　样本农户年收入

收入区间	户数	比例（%）
拒绝回答	11	1.8
低收入	163	26.1
中等收入	272	43.6
高收入	178	28.5

三、样本农户融资行为特征

（一）融资需求动机

在 624 个有效样本中，最近三年内有融资需求的农户共有 355 位农户，占比 57%，可见安徽省农户普遍存在融资需求。

农户融资需求动机主要分为生活需求和生产需求（表 3－7）。生活性需求是农户融资的主要动机。根据调查，生产需求包括农业生产需求和其他经营需求，在样本农户中有 109 位农户因生产性支出而进行借贷，共占比 30.7%，其中农业生产的融资需求更加旺盛。生活需求方面，仅有 5.4%的农户因生活费用借贷，这说明安徽省农户基本都能解决温饱问题；就目前的市场形势和农村风俗来看，大部分的农户都具有住房、医疗、教育、婚嫁等大额消费需求，子女的教育费用和家庭医疗往往是农村家庭的一笔重要开支，在 246 户农户中分别有 58 户和 38 户农户因教育、医疗借贷，各占比 16.3%、10.7%；在样本中有 97 户农户因建房、购房、购车借贷，占比 19.2%，有 26 位农户因婚丧嫁娶而借贷，占比 7.3%，还有 1.4%的农户是因为偿还旧债而融资。

表 3－7 样本农户融资需求动机

动机	分类	户数	比例（%）
生产需求	农业生产投资	75	21.1
	非农生产投资	34	9.6
生活需求	流动资金周转	32	9
	消费	19	5.4
	子女教育	58	16.3
	建房购房购车	68	19.2
	医疗	38	10.7
	还债	5	1.4
	婚嫁	26	7.3

分析数据可以发现，安徽省农户的生存矛盾已经从温饱问题转向提高生活质量，如何更好地生活是农户面临的主要问题。

（二）融资渠道

农户的借款渠道包括正规渠道和非正规渠道两种。正规渠道包括农信社、国有商业银行、政策性银行、资金互助社和合作社，它们是受国家监管的正规金融机构。据调查，样本农户较多接触的正规金融机构主要有农信社、其他商业银行以及村资金互助社和村镇银行。在传统银行中，农商行占最大比例 17.7%，其他商业银行共计占比

28.2%（表 3－8），这说明传统的银行业在农村普惠金融结构中占有重要地位，这得益于传统银行在农村的长期经营和广泛布局，尤其是农商行网点深入安徽省的每个乡村；而村镇银行和资金互助社属于新型金融机构，共占比例 1.8%，可见此类金融机构的发展仍处于起步阶段，尚未在农村市场形成规模。正规渠道融资对融资者的征信、担保物等有严格的规定，其特点是资金的可获得性低、审批烦琐、融资期限固定、资金成本高、融资周期长，因此，它们面对的主要农村客户是征信良好、收入可靠的优质农户。

非正规渠道融资包括亲友借贷、民间集资、地下钱庄等。亲友借贷主要是依靠亲缘和地缘的关系，从亲戚和朋友处获得资金，资金的融出方对融入方的信用状况、家庭状况、经济条件都比较熟知，一般具有获得性高、周期短、期限灵活、资金成本低且违约率低的优点，所以是农户融资的首要选择，占比高达 50.5%。民间私人借贷的典型模式是高利贷，以高额的利息作为利益交换从资金富余者手中获得资金，获取周期短、可获得性高，但一般有严格的还款期限限制，农户除非急需短期大额资金，一般很少选择这类融资方式，在样本中选择私人借贷的农户仅占 1.8%。

表 3－8　样本农户融资渠道

渠道	具体来源	户数	比例
正规渠道	农商行	59	17.7
	其他国有银行	94	28.2
	村镇银行	1	0.3
	资金互助社	5	1.5
非正规渠道	亲友	168	50.5
	私人借贷	6	1.8

（三）融资规模与期限

农户的融资规模代表了农户的资金缺口，本节将农户的融资规模分为四个层级。根据数据统计，农户借款在一万元以下的有 70 户，占比 21.1%；1 万～5 万元的有 167 户，占比 50.5%；5 万～10 万元有 53 户，占比 16%；借款超过 10 万元的有 41 户，占比 12.4%。从表 3 -9 的数据可以看出，农户的融资规模整体不低，基本在万元以上，其中也不乏大额借款。

表 3 - 9　样本农户融资规模

区间	户数	比例（%）
1 万以下	70	21.1
1 万～5 万	167	50.5
5 万～10 万	53	16
10 万以上	41	12.4

农商行和其他传统商业银行等正规金融机构的融资期限都有严格的规定，农商行的贷款期限一般为一年，但出于降低风险的目的，农商行在不断缩减贷款期限。传统银行的贷款在到期后，农户必须立即还款，否则将会面临信用档案不良记录的处罚。如果农户想要继续在银行贷款，就必须要将前一笔贷款还清，否则不具备贷款资格。而在非正规金融机构的贷款中，民间私人借贷尤其是高利贷有明确的还款期限，但是亲友借贷一般都没有明确的还款期限。在 168 笔亲友借贷中，规定明确还款期限的仅有 8 笔。所以，灵活方便的还款期限也是亲友借贷成为农户最主要借贷方式的重要原因。

四、农户对普惠金融的认知程度

普惠金融是目前我国解决农村金融问题的重要战略，农户融资难问题也是普惠金融发展必须解决的重要问题。目前农村普惠金融的发展主要包括三个方面：一是对传统银行业的深化改革，二是培育合作金融等新型农村金融机构，三是推广互联网金融在农村金融市场生根发芽。农户对金融机构的认知程度代表了农户的信息掌握程度，更深的认知将为农户提供更多融资机会，减少信息不对称的影响。本节将从这三个方面考察农户对农村普惠金融的认知和参与程度。

（一）对传统银行金融服务的参与度

在农村金融市场，传统商业银行中实力最强劲、服务农民最多的就是农商行。此处以农商行为例进行研究。

农户在农商行取得贷款，首先要在农商行开设银行账户，并进行信用评级。据调查，在624名样本农户中，开设农商行账户的有600位，进行过信用评级的有139位，而成功获得农商行贷款的有59位，占全部贷款用户的17.7%，占信用评级用户的42.4%。可见虽然农户在农商行办理业务，但是能获得农商行信用评级并最终取得贷款的只有一小部分群体。经过对59位在农商行成功贷款的农户的进一步访问，发现：对于贷款周期，有10位农户认为贷款周期短，37位农户认为速度正常，12位农户认为贷款周期较长；对于贷款资金，有49位农户获得全部需要资金，有10位农户只得到部分资金；对于贷款的还款期限，43位农户认为期限可以满足需求，但也有16位农户认为期限太短，希望延长期限；对贷款利率，12位农户认为利率较低，34位农户认为利率适中，还有11位农户认为利率偏高。综合来看，农户对农商行的贷款服务整体满意度较高。

（二）对合作金融的参与度

农村金融体系中合作金融指农村资金互助社，它是由银行业监督管理机构批准的，由农民自愿入股组成的社区互助性金融机构，具有独立法人资格。农村资金互助社实行社员民主管理，对社员股金、积累及合法取得的其他资产所形成的法人财产，享有占有、使用、收益和处分的权利，并以上述财产对债务承担责任，以服务社员为宗旨，谋求社员共同利益。

根据调查数据统计，在624位样本农户中，有451位农户所在村没有互助社或不知道有没有互助社；有173位知道所在村有资金互助社，其中有48位加入了资金互助社，占总样本的7.7%，并且在48位农户中有16位农户申请过贷款，但有2位农户因资金用途不明而被拒绝贷款。由此可以看出，资金合作社作为农村的新型金融机构，其布局并没有展开，无论是自身的建设还是在农民群众中的影响力都没有发展成熟，仍处在探索阶段。

（三）对互联网金融的参与度

互联网金融在农村普惠金融的发展中占有重要地位。通过询问农户通过何种方式了解互联网金融信息和农户使用哪些互联网金融产品来探索农户对互联网金融的参与和认知情况。

农户了解互联网金融的渠道多样，根据调查数据（表 3 - 10），有 16％的农户通过政府宣传了解；有 34.9％的农户是通过电视、广播、报刊等媒体了解信息，这也是农户了解互联网金融信息最主要的方式；有 23.7％的农户是通过身边亲朋好友的介绍而了解互联网金融；有 11.6％的农户通过金融机构自身宣传了解；有 9.6％的农户是自己通过网络搜索了解，这是最具有主动性的一种了解方式；还有较少的一部分农户对互联网金融不了解，占比为 4.2％。由此证明，互联网金融开始逐渐深入农村，影响力也越来越广泛。

表 3 - 10 样本农户了解互联网金融的渠道

渠 道	户 数	比 例（％）
政府宣传	194	16
媒体宣传	424	34.9
亲友推荐	288	23.7
金融机构宣传	141	11.6
网络搜索	117	9.6
不关注	51	4.2

在目前的农村金融市场，农户对互联网金融产品不仅仅只是观望的态度，而是开始进行深入的接触、体验。本节就农户使用的互联网金融产品做了一个详细的统计。对于商业银行推出的手机银行和网上银行业务分别有 12.2％和 14.1％的农户在使用；对目前最火爆的移动支付平台支付宝和微信支付分别有 23.5％和 28.8％的农户参与使用，对京东等其他第三方支付平台也有 7.5％的农户使用；对任何互联网金融产品都没有使用的占比 13.8％（表 3 - 11）。这说明，互联网金融在农村的布局已经全面展开，虽然没有传统银行那么根深蒂固，但其影响力已不容小觑。

表 3-11 样本农户的使用互联网金融产品

产　品	户　数	比　例（%）
手机银行	166	12.2
网银	192	14.1
支付宝	320	23.5
微信支付	391	28.8
其他第三方平台支付	102	7.5
未使用	188	13.8

第三节　农户融资需求影响因素的实证分析

一、变量与模型设定

本节的被解释变量（Y）选择农户最近三年是否发生融资行为，代表农户是否有融资需求，设置为［0，1］变量，“0”代表农户没有融资需求，“1”代表农户有融资需求。解释变量选定农户年龄、文化程度、收入水平、家庭劳动力数、社会地位、家庭生产类型、融资利率、融资周期以及融资期限，分别定义为 X_1、X_2、X_3、X_4、X_5、X_6、X_7、X_8、X_9，具体数据处理见表 3-12 所列。

表 3-12 变量设定

变　量	变量定义
农户融资需求（Y）	农户最近三年是否有融资行为（有=1，无=0）
农户年龄（X_1）	年龄
农户文化程度（X_2）	小学及以下=1，初中及中专=2，高中及以上=3
农户收入水平（X_3）	1～5 万元=1，5～10 万元=2，10 万元以上=3
农户家庭劳动力数（X_4）	2 个及以下=1，3～4 个=2，4 个以上=3
农户社会地位（X_5）	农户或小生意者=1，其他=2

（续表）

变 量	变量定义
农户家庭生产类型（X_6）	农业=1，兼业=2，非农业=3
融资利率（X_7）	低=1，正常=2，高=3
融资周期（X_8）	短=1，正常=2，长=3
融资期限（X_9）	长=1，正常=2，短=3

本节首先将农户的融资需求作为因变量，分为有或没有两种结果，分别赋值1、0，这是一个典型的二元离散型变量。农户的融资需求受到多种因素（自变量）的影响，且自变量数据涉及虚拟变量和连续性变量，所以本节最终选择 logistic 模型来描述自变量对因变量的影响程度。

模型建立如下：

$$Y = f(X_i) + \mu Y = f(X_i) + \mu \quad i = 1, \cdots, n \tag{3-1}$$

式3-1中，Y 指是否有融资需求，X_i 指影响农户融资需求的因素，μ 是随机误差。

设 $Y=1$ 时概率为 p，Y 的分布函数为 $f(Y) = p^Y (1-p)^{1-Y}$，$Y=0$，1。其表达式为：

$$p_i = f\left(\propto + \sum_{j=1}^{n} \beta_j X_{ij}\right) = \frac{1}{1 + e^{-(\propto + \sum_{j=1}^{n} \beta_i X_{ij})}} p_i$$

$$= f\left(\propto + \sum_{j=1}^{n} \beta_j X_{ij}\right) = \frac{1}{1 + e^{-(\propto + \sum_{j=1}^{n} \beta_i X_{ij})}} \tag{3-2}$$

$$\ln\left(\frac{p(Y=1)}{1-p(Y=1)}\right) = \beta X + \mu \ln\left(\frac{p(Y=1)}{1-p(Y=1)}\right) = \beta X + \mu \tag{3-3}$$

式3-2中，P_i 表示第 i 个样本农户做某一特定选择的概率；β_j 表示第 j 项影响因素的回归系数，X_{ij} 表示第 i 个样本的第 j 种影响因素，$\propto$ 表示回归截距。式3-3表示样本农户有无融资需求的概率比值的对数。

模型拟合优度检验：

拟合优度检验是用来检验模型计算完成后得出的理论数值与样本观测数值是否一致，如果一致性较高判定该模型拟合，否则表明该模型不能解释自变量和因变量的关系。Pearson 卡方统计量、Deviance 统计量、似然比检验和 Hosmer - Lemeshow 统计量是常用的 4 种检验方程拟合优度的方法。这里本节将通过 Eviews 软件，选择 Hosmer - Lemeshow 方法。

二、实证分析

本节通过 Eviews 统计软件，对调查数据进行 logistic 回归分析，并对最终得出的模型结果运用 Hosmer - Lemeshow 方法进行拟合优度的检验，具体结果如下：

首先，针对全部九个解释变量进行 logistic 回归分析，模型结果见表 3 - 13 所列。

表 3 - 13 logistic 回归分析模型- 1

自变量	估计系数	标准差	P 值	模型效果
X_1	−0.022622 **	0.010946	0.0388	$R^2=0.535$
X_2	0.773241 ***	0.189618	0.0000	
X_3	−0.058561	0.172950	0.7349	
X_4	0.174544	0.146096	0.2322	
X_5	1.087977 ***	0.309929	0.0004	
X_6	0.059025	0.209853	0.7785	
X_7	−0.880488 ***	0.250781	0.0004	
X_8	−0.240104	0.227965	0.2922	
X_9	−0.945419 ***	0.312476	0.0025	

注：***、**、*分别是在1%、5%和10%的置信水平上显著。

由模型结果可以写出估计表达式：

$$
\begin{aligned}
Y= & -0.022622\,X_1+0.773241\,X_2-0.058561\,X_3+0.174544\,X_4 \\
& +1.087977\,X_5+0.059025\,X_6-0.880488\,X_7-0.240104\,X_8
\end{aligned}
$$

$-0.945419\ X_9$

九个参数的 Z 统计值分别为 -2.066728、4.077876、-0.338599、1.194723、3.510406、0.281268、-3.510980、-1.053248、-3.025573，在置信水平为 95%的情况下，Z 统计量的临界值为 1.96，发现农户收入水平（X_3）、家庭劳动力人数（X_4）、农户家庭生产类型（X_6）、融资周期（X_8）对农户融资需求的影响不显著，农户年龄、文化程度、社会地位、融资利率、融资期限都对农户的融资需求有显著影响。

并且在 95%的置信水平下，农户收入水平（X_3）、家庭劳动力人数（X_4）、农户家庭生产类型（X_6）、融资周期（X_8）四个要素的 P 值均未通过检验，应将这四个变量从模型中剔除。再次对模型进行估计：

表 3 - 14　logistic 回归分析模型—2

自变量	估计系数	标准差	P 值	模型效果
X_1	−0.019640 * *	0.010181	0.0437	$R^2=0.535$
X_2	0.723191 * * *	0.167703	0.0000	
X_5	1.112227 * * *	0.283815	0.0001	
X_7	−0.956345 * * *	0.236051	0.0001	
X_9	−0.934746 * * *	0.305969	0.0023	

注：* * *、* *、* 分别是在 1%、5%和 10%的置信水平上显著

此时，剩余五个变量的 P 值均小于 0.05，说明这些变量在 95%的置信水平上均显著，通过模型检验。估计方程为：

$$Y=-0.019640\ X_1+0.723191\ X_2+1.112227\ X_5-0.956345\ X_7-0.934746\ X_9$$

拟合优度检验：

通过 Eviews 软件用 Hosmer - Lemeshow 方法进行了拟合优度检验，发现实际观测值与预测值之间差别小，$P>0.05$，模型拟合度良好。

表 3-15 Hosmer-Lemeshow 拟合优度检验

	Quantile of Risk		Dep＝0		Dep＝1		Total	H-L
	Low	High	Actual	Expect	Actual	Expect	Obs	Value
1	0.0186	0.3054	46	46.6061	11	10.3939	57	0.04323
2	0.3093	0.4811	36	33.7232	21	23.2768	57	0.37643
3	0.4843	0.6465	24	24.3367	33	32.6633	57	0.00813
4	0.6465	0.7265	14	17.4332	43	39.5668	57	0.97402
5	0.7299	0.8880	13	10.4150	45	47.5850	58	0.78202
H-L Statistic			3.8825	Prob. Chi－Sq（2）			0.1435	
Andrews Statistic			4.6949	Prob. Chi－Sq（4）			0.3201	

通过 logistic 回归分析和 Hosmer-Lemeshow 拟合优度检验，本文得出以下结论：

农户年龄（X_1）对农户的融资需求有显著的负向影响，因为本节调查的农户基本都是中年及以上，不包含青年人，所以本节发现随着年龄不断增长至老年，农户的融资需求是在不断下降的，这个结果符合本节的实验假说。

农户文化程度（X_2）对农户的融资需求十分显著的正向影响，即农户的文化程度越高，农户的融资需求越大，符合本节之前所做的假设。

农户的收入水平（X_3）对农户的融资需求有不显著的负向影响。说明从总体看农户的收入水平越高，其融资需求越少，收入水平越低，更有可能入不敷出产生借贷。但也不排除有些农户收入低但支出少可以做到收入相抵，或者收入高但是经营成本、生活成本也高，入不敷出的情况。这也符合本节的假说。

农户家庭的劳动力人数（X_4）对农户融资需求有不显著的正向影响。这可能是因为农户家庭劳动力人数越多，家庭收入来源越广泛、越多样，所以收入的稳定性更高，对外部资金的依赖性很小。

农户的社会地位（X_5）对农户的融资需求有显著的正向影响。这是因为农户的社会地位在一定程度上代表了他有合格的抵押物、良好的信誉、稳定的还款来源。这类用户善于利用银行的资金，并且能较为容易地获得银行贷款。

农户的生产类型（X_6）对农户融资需求的影响不显著。可见农户的生产类型并不与融资需求状况直接挂钩，从农户的生产类型无法看出农户是否资金匮乏。

融资利率（X_7）对农户融资需求有显著的反向影响，利率越高，农户融资需求越低。这也十分容易理解，农户的融资需求和融资意愿相关，市场利率太高，农户无法接受自然就不会选择融资。

融资周期（X_8）对农户融资需求的影响不显著。这是因为农户选择融资是因为缺乏资金，否则不会进行借贷，融资周期长只会加重农户的焦急程度或对金融机构的不满意程度，但却不会决定农户是否进行融资。

融资期限（X_9）对农户的融资需求有显著的反向影响。融资的期限即农户可使用资金的时间长短，这直接关系到农户是否能在有限的时间内充分利用这笔资金完成自己的目标，期限太短可能目标未完成，期限太长却可以提前还款，不损害借款人利益。所以，一般借款人都希望借款期限尽可能的长，这样农户可以最大限度地利用这笔资金。

第四章　安徽小微企业融资分析

第一节　安徽小微企业融资现状分析

2017 年，全国小微企业贷款额呈现上升趋势。中国人民银行调查统计司数据显示，今年我国人民币小微企业贷款余额为 24.3 万亿元，同比增长 16.4%，增速比上年末高 0.4 个百分点，比同期大型和中型企业贷款增速分别高 3.8 个和 5.8 个百分点。小微企业贷款余额占企业贷款余额的 33%，占比比 2016 年末高 0.9 个百分点。全年小微企业贷款增加 3.4 万亿元，同比多增 3967 亿元，增量占同期企业新增贷款的 39.9%，比上年占比低 9.2 个百分点。

近几年，随着我国工业发展的突飞猛进，安徽省工业也整体呈现良好的发展趋势。首先，安徽省经济和信息化委员会统计数据显示，全省工业经济实现了重大突破。2016 年，安徽规模以上工业增加值超过万亿元，达到 10081.2 亿元，同比增长 8.8%，增速居全国第 5，中部第 2。主营业务收入也超过四万亿元，达到 41645.9 亿元，主要指标位居全国第一方阵前列。其次，《安徽统计年鉴》显示，小型企业数量也呈现逐年上升的趋势，2016 年的小型企业数量比 2014 年增加了 3702 个，见表 4 - 1 所列。小微企业法人单位数也从 2013 年的 252812 个上升到 2016 年的 498736 个。2015 年和 2016 年，小型企业的工业增加值都超过了大型企业，说明目前安徽省的小型企业占据主导地位，未来的发展潜力巨大。

表 4-1　安徽省企业单位数量　　单位：个

年份	大型企业	中型企业	小型企业
2014	284	1474	14435
2015	278	1440	17359
2016	269	1432	18137

资料来源：《安徽统计年鉴》。

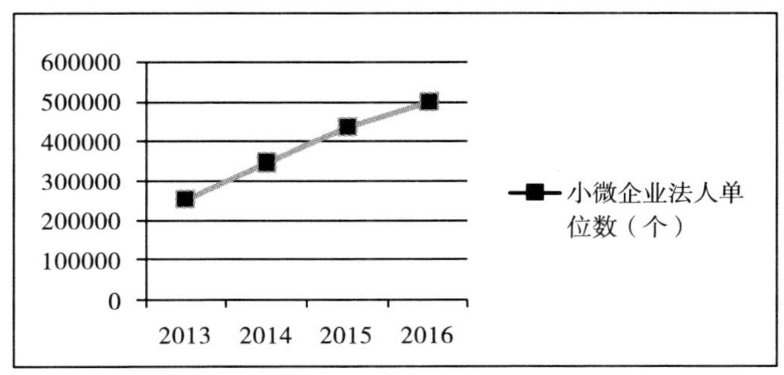

图 4-1　安徽省小微企业法人单位数

资料来源：《安徽统计年鉴》。

表 4-2　安徽省规模以上工业企业工业增加值　　单位：亿元

年份	2005	2010	2015	2016
大型企业	658.94	2102.42	3272.52	3212.13
中型企业	470.09	1277.42	1845.91	1868.65
小型企业	354.73	1910.78	4470.77	4644.15

资料来源：《安徽统计年鉴》。

虽然安徽省的小微企业数量和工业增加值都呈现良好的发展趋势，但是小微企业在融资过程中还存在以下问题。

一、小微企业融资渠道单一，外部融资难度大

与大型企业相比，小微企业的融资方式和渠道很少。小微企业在初创期一般会将内源融资作为首选，这是因为内源融资成本较低、获取迅速。在企业发展上升时期，由于内源融资数额较小，已经不能满足小微企业的融资需要，而依靠外部融资的难度又相对较大，这就造

成了小微企业融资难的现象。

内源融资一般是由留存收益和折旧组成的。而留存收益又和企业利润密切相关，由《安徽统计年鉴 2017》可知，安徽省规模以上小型企业的平均利润额为 0.06 亿元，而大型企业的平均利润额为 2.46 亿元，大型企业的平均利润额约是小型企业的 41 倍，由此可以得出小微企业的利润很低，留存收益更少，内源融资额度小。

对于外部融资来说，融资渠道包括银行、小额贷款公司、民间借款、债股权融资等，其中银行是最主要的外部融资渠道。然而可供小微企业选择的渠道却很少。即使将银行作为主要的资金提供方，但是，小微企业在向其借款时仍然会存在较大困难。由于小微企业的成立时间相对较短；企业内部的管理方式、财务信息不健全；信用水平、担保抵押物都不完善；面对市场上的风险不能及时应对，而大型商业银行为了确保自身资金可以及时回收，规避资金不能回收的风险，在给小微企业贷款时都会设置较高的门槛，这些都导致小微企业要想获得银行贷款存在一定的难度。

二、小微企业融资需求较大、额度较小

如果没有足够资金的支持，小微企业很难实现自身的发展壮大。与大型企业相比，小微企业的融资期限相对短暂，更多的是对短期资金的需求量较大。短期资金的期限一般为一年以下。查阅 2017 年《安徽统计年鉴》可知，安徽省规模以上小型企业流动负债率约为 78.97%，而大型企业的流动负债率约为 73.10%，小型企业的流动负债率大于大型企业的流动负债率，可知小微企业的资产流动性比大型企业高，所以小微企业更偏重于资金数量较多的短期资金。

小微企业的融资额度较小。这是因为小微企业的自身资产规模较小，经营的业务范围也会存在局限，所以融资所需要的资金并不是很多。由《安徽统计年鉴》可知，2017 年，工业型小型企业的平均流动负债额为 0.245 亿元，平均负债额为 0.310 亿元，而同时期的大型企业的平均流动负债额为 26.75 亿元，平均负债额为 36.59 亿元，分别为小型企业的 109 倍和 118 倍。由比较可知，安徽省的小微企业融资

额度较小，大部分的融资需求都是以小额资金为主。

三、小微企业融资成本负担过重

小微企业的融资成本涵盖较多，一般包括贷款利息、抵押物登记评估费、担保费用、风险保证金利息和时间成本。就时间成本来说，由于小微企业在内部管理、财务制度方面都存在一定的缺陷，这也是小微企业存在的通病。而且当市场出现较大的经济波动时，小微企业又很难抵御经济风险。当小微企业要从银行申请贷款时，银行为确保自身不会出现经济损失，在对小微企业进行放贷时，会加大审核力度。造成审核手续重复烦琐，小微企业等待资金的时间较长，增加了财务负担。另外，在贷款即将到期时，小微企业还要向银行提前申请续贷，有些公司由于资金周转较慢，不得不选择先从小额贷款公司借新款来还旧款，而从小额贷款公司借款的成本比较高，进一步提高了融资成本。

小微企业从银行贷款的利率成本也占较大的比重。从 2015 年 10 月 24 日起，央行下调了金融机构人民币贷款和存款基准利率，以进一步降低社会融资成本。

表 4－3　2017 年人民银行贷款基准利率一览表

贷款	调整前贷款基准利率（%）	调整后贷款基准利率（%）
6 个月至 1 年	4.6	4.35
3 年至 5 年	5.0	4.75
5 年以上	5.15	4.9

数据来源：中国人民银行货币政策司。

即使央行下调了基准利率，小微企业的贷款利率仍远远高于基准利率，有些甚至会超过人行基准率的两倍以上。一些小额贷款公司、村镇银行的小额贷款利率更高达基准利率的 3～4 倍，民间的融资成本更高，月息可以达到 30%。此外，小微企业融资的高附加成本，如银行提供贷款时的强制配套业务、融资过程中的第三方收费，又进一步拉升了企业融资成本。

第二节 安徽小微企业融资需求存在的问题分析

一、从政府角度分析安徽省小微企业融资需求问题

十八大以来，李克强总理多次强调要把“支持小微企业发展”作为工作的重点之一。小微企业不仅是就业的助推器，也是大企业的重要支撑，具有一定的创新活力，与我国的经济发展密切相关。而从长远来看，小微企业的发展对推动我国经济转型升级也具有重要意义。

最近几年，安徽省政府为响应国家的号召，先后出台了多项政策措施以促进小微企业的发展，有关部门对小微企业的划分标准进行了明确的规定（表 4－4）。最早一部关于小微企业的法律法规是 2006 年在全国人民代表大会中通过的《中华人民共和国中小企业促进法》，主要是从资金支持、创新扶持、市场拓展、社会服务等方面进行规范。今年，小微企业通过不断的努力已经完成了“三个不低于的目标”，即贷款增速不低于各项贷款平均增速、贷款户数不低于上年同期户数、申贷获得率不低于上年同期水平。

表 4－4 政府支持小微企业发展文件

时间	具体实施细则	主要内容
2015.3.10	安徽省经济和信息化委员会关于开展 2015 年扶助小微企业专项行动的通知（皖经信中小发展〔2015〕34 号）	以“加强帮扶、强化服务”为主题。通过营造创新环境、加强平台建设、推进融资担保、加强管理培训、深化涉企服务助力小微企业发展
2015.3.24	安徽省人民政府办公厅关于扶持小型微型企业健康发展的实施意见（皖政办〔2015〕15 号）	落实小微企业税收优惠政策、加强专项资金的扶持力度、小微企业吸纳就业补助政策、鼓励投资资金进入小微企业、完善政策融资担保体系、扩大信贷融资

（续表）

时间	具体实施细则	主要内容
2015.4.30	中国银监会安徽监管局关于2015年小微企业金融服务工作的实施意见	完成“三个不低于”目标。贷款增速不低于各项贷款平均增速，贷款户数不低于上年同期户数，申贷获得率不低于上年同期水平
2016.2.6	安徽省人民政府办公厅关于促进融资担保银行业加快发展的实施意见皖政办〔2016〕4号	培养优质融资担保机构、推进“税融通”业务风险分担、促进大众创业、万众创新
2017.8.28	《安徽省人民政府办公厅关于印发强化小微企业融资服务行动方案的通知》	主攻方向为缓解小微企业融资难、贵、慢。提出要扩大业务规模、融资渠道，优化信贷服务，营造优质金融生态环境
2017.12.12	《安徽省工商局、中国银监会安徽监管局印发关于开展“银商合作”助力小微企业发展的实施方案的通知》（皖工商个字〔2017〕171号）	建设互联互通机制，缓解小微企业融资难融资贵。加强银商合作、信息共享、搭建“线上＋线下”银商对接平台

资料来源：作者整理所得。

但是经过作者实地调研得知，多数小微企业融资时，融资需求并没有得到满足。普惠金融政策还存在以下问题：

顶层设计仍需完善。目前，对普惠金融的政策保障、机构职能及监管评估等缺乏系统性和可操作性安排，还未形成一套完整的、针对性的普惠金融指标体系和统计制度安排，不同部门之间的数据合作与共享机制不健全，缺少部门间政策协调联动机制，对普惠金融建设的标准和衡量缺乏有效的依据和手段。此外，关于普惠金融的法律法规较为分散，法律层级也较低，对部分新型金融业态缺乏清晰的法律规范，无法明确各参与部门、各级政府以及各类金融组织机构在普惠金融发展方面的责任义务。

信用体系建设不够健全。目前信用体系建设相对滞后，信用信息收集渠道分散，社会成员信用记录缺失，普惠金融服务主体普遍缺乏规范的财务数据，信息缺失问题更为严重，普惠金融供需双方信息不对称程度较高，极易出现贷而不还耍赖账、扶贫贴息贷款挪作他用、以个人名义从银行贷款，最终资金由其他经济组织使用等情况。

普惠金融服务对象错位。普惠金融服务对象是小微企业、农民、城镇低收入人群等群体，但这类群体由于企业机制不健全、发展不规范，个人信用等问题达不到服务机构规避风险的要求，降低了金融业服务小微企业、农民、城镇低收入人群的积极性，反而将资金投向了发展成熟、机制健全、高收益低风险的规模企业。

二、从企业自身角度分析安徽省小微企业融资需求问题

小微企业目前已经成为我国市场中的主力军，在扩大就业方面起到的作用巨大。根据国家统计局的调查，平均每户小型企业可以带动 8 人就业，一户个体工商户可以带动 2.8 人就业。在拉动经济增长方面具有重要作用。不可否认的是，小微企业自身也有一些缺陷，造成了企业融资困难。

小微企业信用度较低。保持良好的信用不仅体现为具有履约的意识，而且还要具有履约的能力。而小微企业在这两方面的表现都不太乐观。在同样的审批流程结束之后，大型企业的申贷获得度要远远高于小微企业。存在这种不均衡现象的主要原因是小微企业信用的缺失。部分小微企业的还款意识较弱，存在侥幸的心理，寄希望于银行在找不到其行踪时，可以通过各种理由免除还款。可以看出，像这类小微企业业主在诚信观念和法律知识方面都存在非常大的缺陷。由此造成银行对小微企业有一个统一的认识，即小微企业信用程度低，欠款不愿归还。这样一来，对于那些信用度好、有良好发展前景的小微企业来说存在不公平，不能及时获取资金满足融资需求用于自身的发展。

小微企业财务不透明化、封闭化。绝大多数小微企业规模小、资产状况差、会计人员能力不达标、财务报表不真实，导致银行不能通过对公司报表的审查来确定是否可以给该企业放贷，这也在很大程度上制约了银行对企业的信用放贷。与上市公司等大型企业相比，小微企业还存在财务信息不透明的问题。大企业的财务信息都

是对外公开的，披露的比较充分，受到各方机构的监督和查阅，而小微企业的各项数据都是封闭的，并不会对外公开，由此一来，银行就能够以较低的成本、便捷的方式查到大型企业的信用程度、资产状况、还款能力等重要信息，进而大型企业的融资需求很容易得到满足。而小微企业无法证明自己的资信水平，即便是有融资需求要想得到满足也很困难。

三、从金融机构角度分析安徽省小微企业融资需求问题

金融机构在给小微企业贷款时具有较高的门槛，审批流程也较为复杂。作者了解到，一般大型商业银行办理贷款通常需要一个月甚至更长时间，这无疑给小微企业的融资增加了时间成本。商业银行都是以营利为经营目的的，所以在向企业放贷时，都会严查企业的经营状况和财务能力。小微企业的种种特征都与银行追求低风险、高收益、平稳经营的目标相对立。即使央行多次降低基准利率，目前低至一年期贷款利率为 4.35%，但小微企业的贷款利率依然很高。部分村镇银行贷款利率上浮 40%甚至更高，再加上担保公司的担保费，或其他一些时间成本等隐性成本，小微企业从银行取得的资金综合利率有可能会超过 10%。针对小微企业出现贷款利率上浮的现象，在市场经济的供需下，小微企业渴望获得贷款，而银行愿意提供贷款的主动性却很弱，这就造成了需求大于供给，使需求方的小微企业只能获得较高利率的贷款甚至无贷款可以获得。

小微企业经营的产品种类繁多，经营规模差异大，销售服务方式也多种多样。而目前我国金融产品主流多源于中型企业，能够推广的小微企业金融业务品种少，产品单一。目前，我国小微企业可在银行融资的渠道有：一是易变现房产抵押为担保方式的流动资金贷款；二是易变现土地使用权抵押为担保方式的流动资金贷款；三是有物权证的抵押担保方式的流动资金贷款；四是有实力的单位和个人进行担保的流动资金贷款。以上是银行普遍对小微企业的授信方式。抵押担保品种类别单一，授信期限短。大多数小微企业无法满足银行的授信条件，或者抵押物不满足银行要求，造成其融资十分困难。

第三节　安徽小微企业融资需求影响因素分析

一、小微企业融资状况分析

本部分在理论的基础上采用了实证研究方法，进一步分析影响小微企业融资需求满足度的因素。本节的数据是通过调研问卷的方式收集而来的（共发放问卷 120 份，其中回收有效问卷 103 份，有效率为 85.8%），收集形式主要为网上回收、实地发放纸质问卷并回收。实际填写问卷者多数是企业财务人员或企业负责人。后期又对回收的问卷进行统一整理归纳。

此次调研的企业中，涉及的企业行业类型较多。行业类型主要集中在工业，农、林、牧、渔业，批发和零售业，餐饮住宿业以及建筑业，除此之外，交通运输、仓储和邮政业，房地产业，租赁和服务业、电力、燃气及水的生产和供应业，信息软件技术业和其他行业类型较少。

表 4-5　被调查小微企业类型及数量

行业类型	企业数量
工业	19
农、林、牧、渔业	20
批发和零售业	21
餐饮住宿	18
建筑业	10
交通运输、仓储和邮政业	6
房地产业	4
租赁和服务业	4
电力、燃气及水的生产和供应业	1
信息软件技术业	3
其他	2

（一）被调查的小微企业融资需求状况

调查问卷整理分析得出的小微企业融资需求状况如图 4－2 所示，可以看出绝大多数小微企业具有融资需求。其中有 74％的小微企业有一般融资需求，17％的小微企业有强烈融资需求，只有 9％的小微企业暂时还没有融资需求。

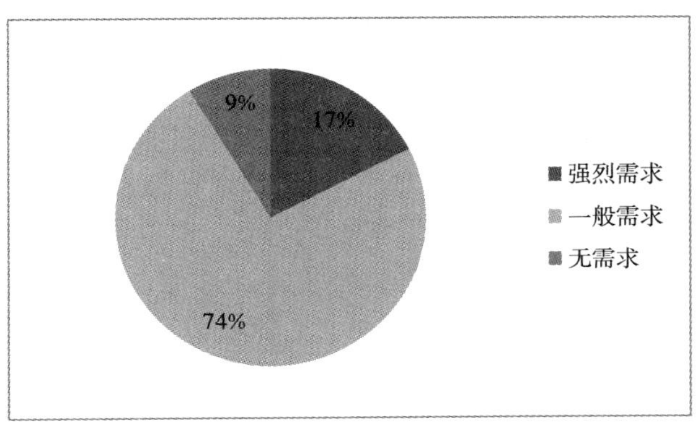

图 4－2　小微企业融资需求状况

在这些有融资需求的小微企业当中，多数企业的融资数额较小。其中融资额在 500 万以下的企业数为 83 家，占所有企业数的 80％左右，仅有 20％的小微企业融资需求额超过 500 万元。在调查问卷中，作者把企业融资需求额分为 7 个层级，如图 4－3 所示。

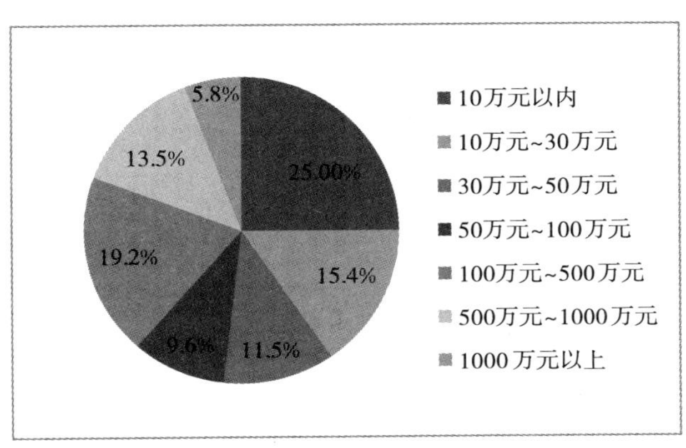

图 4－3　小微企业融资需求额

从图 4-3 可以看出，融资需求额为 10 万元以下的企业占比 25%，100 万～500 万的企业占比 19%，1000 万元以上的企业占比仅为 6%，其他金额的企业占比差别较小。由这些数据可以看出，小微企业的融资需求额较小。

被调查的小微企业融资途径较为单一。银行贷款占比较大。经过对数据的统计分析，小微企业融资途径如图 4-4 所示。

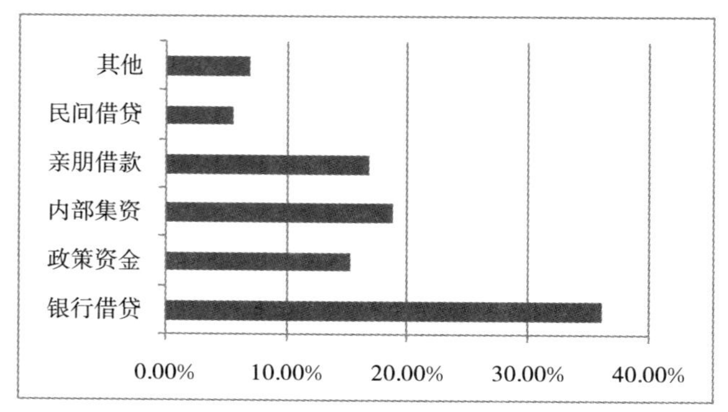

图 4-4 小微企业融资途径

由图 4-4 可得，小微企业选择银行贷款的占比高达 36.15%，这说明了银行在目前融资方式中占据主要地位。其次是企业的内部融资、向亲朋借款、政策资金，占比分别为 18.80%、16.90%、15.49%。民间借贷的融资方式占比较少。

（二）被调查的小微企业贷款状况

在对回收的问卷进行分析整理后发现，目前小微企业贷款还存在较多困难，小微企业融资困难原因如图 4-5 所示。

由图 4-5 可以看出，小微企业融资困难有多方面原因。可分为企业自身原因、银行原因、政府原因和其他原因。企业自身方面，首先，小微企业自身担保物不足占比最大，达到 28.34%。因为和大中型企业相比，小微企业资产和经营能力存在不足，缺乏抵押物，进而在向银行贷款时受到阻碍。其次，财务经营状况未达到贷款条件占比 15.92%、缺乏人际关系占比 5.41%。银行方面，利率高、成本高占比 17.52%、手续烦琐占比 14.97%；政府方面，政府政策不足占比

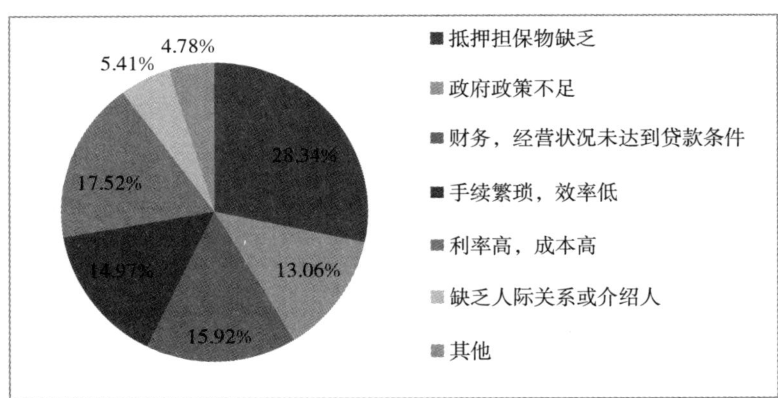

图 4－5　小微企业融资困难原因

13.06％；其他原因占比 4.78％。

大多数小微企业期望贷款时间较短，一年以下占比较多。通过对调研数据进行整理，小微企业期望贷款期限如图 4－6 所示。

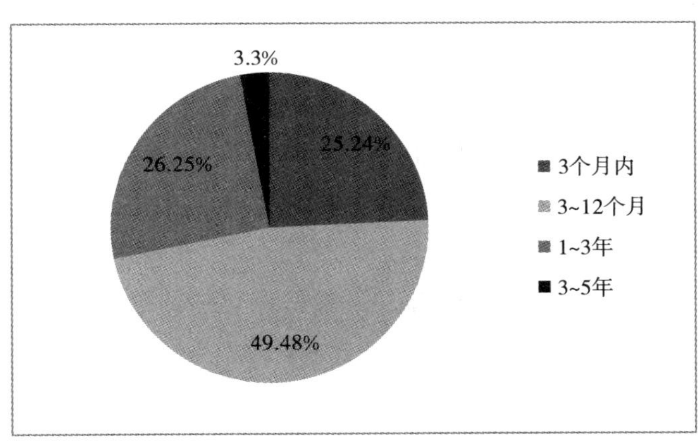

图 4－6　小微企业期望贷款期限

由图 4－6 可以看出，多数小微企业期望融资期限在一年以下。融资期限在 3 个月内的占比 25.24％、期限在 3～12 个月占比 49.48％、期限在 1～3 年的占比 26.25％、期限在 3～5 年的占比 3.3％。

（三）被调查的小微企业融资改善情况

虽然小微企业在普惠金融政策的大力扶持下，融资状况得到改善。

但是还存在部分小微企业因管理制度缺失、抵押物不足、经营状况不佳等原因，融资需求还是没有得到满足。

由图4-7可知，有40.39%的小微企业对普惠金融政策基本不了解，20.19%的小微企业对政策完全不了解，39.38%的小微企业对普惠金融政策有一般了解，仅有极少数小微企业对普惠金融政策较为了解。

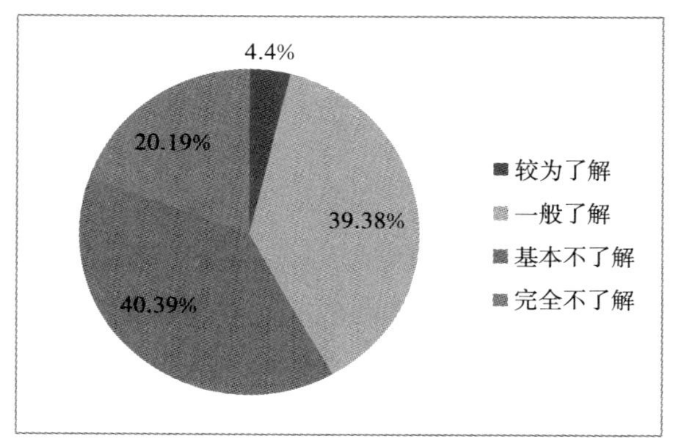

图4-7 小微企业对普惠金融政策的了解程度

问卷中还涉及政策对小微企业的融资扶持效果，如图4-8所示。

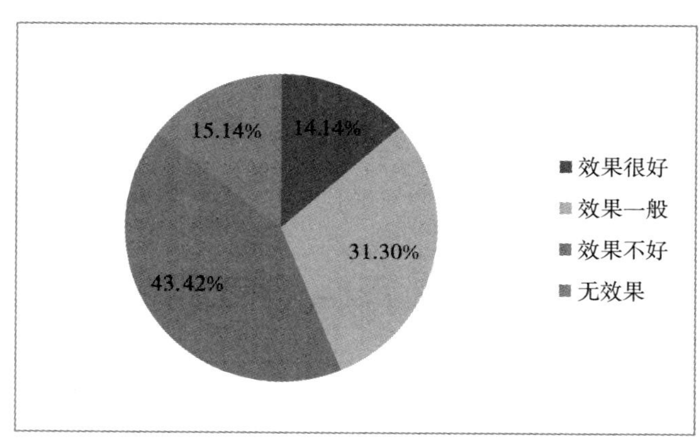

图4-8 普惠金融政策对小微企业融资的支持效果

由图4-8可发现，有14.14%的小微企业认为政策资金支持效果很好，31.30%的小微企业认为效果一般，43.42%的小微企业认为效果不好，15.14%的小微企业认为没效果。总体来说，小微企业还有较多的融资需求，满足程度还有待提升。

二、安徽省小微企业融资需求影响因素的实证分析

（一）模型构建

本节主要研究小微企业融资需求的满足度受哪些因素的影响，被解释变量采用 0 和 1 的离散变量，不满足正态分布，被解释变量是随着解释变量的变化而发生变化，而且各解释变量之间没有先后顺序，所以是一种多元选择问题，最小二乘法不能很好解释。因此，本节所采用的是二元 logit 模型。

小微企业融资需求得到满足时，$Y=1$；需求没得到满足时，$Y=0$。二元 logit 模型如下：

$$\ln(P_i)=Z_i=\alpha_i+\beta_i X_i$$

$$P_i=F(y_i)=\text{prob}\left(y_i=\frac{1}{x_i}\right)=\frac{1}{1+e^{-y_i}}=\frac{1}{1+e^{-(\alpha+\beta_i x_i)}}$$

式中，P_i表示第 i 个企业融资需求满足度的概率，y_i表示第 i 个小微企业融资需求是否得到满足，X_i表示影响小微企业融资需求满足度的因素，β_i解释变量 X 的系数，$i=1, 2, 3, \cdots, 8$。

（二）变量选取

根据以往研究，考虑到研究中实际情况与调研数据局限性，将影响因素归结为企业自身特征、企业经营状况、地区因素和对政策的了解程度。每一部分的具体指标和理论假设如下。

表 4-6　变量定义

变量名称	变量释义
融资需求满足程度 Y	$Y=1$ 满足；$Y=0$ 不满足
企业成立年限 X_1	1＝不足 2 年；2＝2～5 年；3＝5～10 年；4＝10 年以上
企业主年龄 X_2	1＝25 岁以下；2＝25～35 岁；3＝35～45 岁；4＝45～55 岁；5＝55 以上

（续表）

变量名称	变量释义
企业属于行业类型 X_3	1＝工业；2＝农、林、牧、渔业；3＝批发和零售业；4＝餐饮住宿；5＝建筑业；6＝交通运输、仓储和邮政业；7＝房地产业；8＝租赁和服务业；9＝电力、燃气及水的生产和供应业；10＝信息软件技术业；11＝其他
企业盈利情况 X_4	1＝不佳；2＝稳定；3＝良好增长
企业资产规模 X_5	1＝10万元以下；2＝10万元～50万元；3＝50万元～100万元；4＝100万元～500万元；5＝500万元～1000万元；6＝1000万元～2000万元；7＝2000万元以上
企业所处地区 X_6	1＝经济状况良好；2＝经济状况一般；3＝经济状况欠缺
企业担保方式 X_7	1＝有；2＝无
企业对政策了解程度 X_8	1＝十分了解；2＝有所了解；3＝基本不了解；4＝完全不了解

1. 企业自身特征。包括小微企业成立年限、企业主年龄、企业所属行业类型。一般来说，小微企业的成立时间越长，财务状况越完善，信用等级越高，越容易获得银行贷款，资金需求越容易满足。企业所属的行业类型不同，导致企业对资金的需求程度不同。

2. 企业经营状况。包括企业的盈利情况和资产规模。企业的资产规模越大，其发展所需要的资金越多，同时贷款人越愿意给资产规模较大的企业提供融资服务。企业的盈利能力越强，说明企业总体发展水平较好，更有利于获得融资资金。

3. 其他因素。小微企业所处的地区不同，经济发展水平也会有差异。这就导致小微企业面临的资金松紧状况不同，融资需求的满足度不同。一般来说，小微企业所处地区越贫困，企业的整体发展越不乐观，融资难度越大，即融资需求满足程度越低。企业对政策的了解程度受多方面因素的影响，不仅受到政府的实施力度影响，还与政府是否大力宣传政策有关。企业对政策越了解，说明企业受到普惠金融政策扶持的概率越大，融资能力越强，融资需求越容易满足。一般来说，如果小微企业有担保物，则企业发展状况良好，更容易获得银行贷款，资金满足程度比无担保物的企业要高。

（三）结果分析

对所需变量进行描述性统计分析，结果见表 4－7 所列。

表 4－7　变量统计

Variable	Obs	Mean	Std. Dev.	Min	Max
y	103	0.2330097	0.4248156	0	1
x_1	103	2.533981	1.007964	1	4
x_2	103	3.533981	0.9162534	1	5
x_3	103	3.631068	2.615903	1	11
x_4	103	2.194175	0.6576585	1	3
x_5	103	3.650485	1.963933	1	7
x_6	103	2.058252	0.7899521	1	3
x_7	103	1.349515	0.4791483	1	2
x_8	103	2.815534	0.8488467	1	4

统计结果显示，小微企业的融资需求满足度偏低，平均值仅为 0.23，说明被调研的小微企业还存在较多的融资需求，需要更多的资金用于企业自身的发展。小微企业成立年限最大值为 4，最小值为 1，平均成立年限为 2.53。由表 4－6 可以得出小微企业成立年限为 5 年左右，反映了小微企业成立时间短、规模小的特点。小微企业的盈利状况最大值为 3，最小值为 1，表 4－7 显示小微企业盈利平均数为 2.19，说明了在当前状况下，多数小微企业的经营良好，盈利状况稳定，并有增长的趋势。小微企业资产规模的平均数为 3.65，属于一般水平，反映了被调查的小微企业大多数资金少，资产规模较小，抗风险能力弱，经营比较单一。小微企业对普惠金融政策的了解程度平均值接近 3，说明多数被调查的小微企业对政府所实施的普惠金融政策了解程度不够。

将各数据导入 stata 软件中进行 logit 分析，结果见表 4－8 所列。

表 4－8　小微企业融资需求满足度的影响因素回归分析

Iteration 0：　log likelihood＝－55.917414		
Iteration 1：　log likelihood＝－48.097609		
Iteration 2：　log likelihood＝－47.522707		
Iteration 3：　log likelihood＝－47.520448		
Iteration 4：　log likelihood＝－47.520448		
Logistic regression	Number of obs　＝	103
	LR chi2（8）　＝	16.79
	Prob>chi2　＝	0.0323
Log likelihood＝－47.520448	Pseudo R2　＝	0.1502
y　Coef.　Std. Err.　z	P>z　［95％ Conf.	Interval］
x_1　.7514043　.416247　1.81	0.041**　－.0644248	1.567233
x_2　.0473659　.1064241　0.45	0.656　－.1612216	0.2559533
x_3　.0169645　.2001608　0.08	0.932　－.3753435	0.4092725
x_4　－.0973775　.4491144　－0.22	0.828　－.9776256	0.7828707
x_5　.5536837　.7755499　0.71	0.075*　－.9663661	2.073734
x_6　－.7125149　.3797355　－1.88	0.061*　－1.456783	0.0317531
x_7　－.7989761　.4598797　－1.74	0.182　－1.700324	0.1023715
x_8　.8379464　.4454128　1.88	0.008***　－1.710939	0.0350466
_cons　2.501195　3.000151　0.83	0.404　－3.378993	8.381384

注：*表示10％的显著性水平；**表示5％的显著性水平；***表示1％的显著性水平。

由表4－8分析得，共有四个自变量 X 是显著的。分别为小微企业成立年限、企业资产规模、企业所处地区经济状况以及企业对普惠金融政策的了解程度。

对于小微企业成立年限来说，实证的结果与预期结果一致。具体来说，小微企业成立年限通过了5％显著性水平检验，其回归系数为正，说明小微企业成立时间越长，其融资需求越容易得到满足。根据企业生命周期理论，当企业成立时间越长，其内部积累越多，经营规模越大，信用能力越强，有能力归还贷款。在向银行贷款时，银行会更乐意向成立时间较久的企业贷款，这样一来，小微企业的资金较为充足，可以将资金用于企业的发展，融资需求容易得到满足。

小微企业的资产规模显著且是正相关，这一结果与我们之前预测是一致的。企业的资产规模通过了10%显著性水平检验。这说明企业规模的扩大，能提高小微企业的外源融资能力，进而可以吸收较多的银行贷款，融资需求得到满足的可能性越大。

企业所处地区的经济发展状况通过了10%显著水平检验。回归系数为负，说明企业经济发展水平与融资需求满足度呈现负相关关系。这一结果与预测结果不一致。合理的解释为普惠金融政策的初衷即为传统金融机构服务不到低端群体、经济不发达地区提供一定的资金扶持。当企业所处地区经济状况不佳时，政府通过给予企业资金帮助，拉动企业发展，进而推动就业，带动整个地区的发展。所以，处在经济不发达地区的小微企业容易获得政策资金的扶持，实现融资需求的满足。

企业对政策的了解程度通过了1%显著水平检验。而且其系数为正。说明小微企业对政策的了解程度对其融资需求满足度有较大影响。这一结果与预期结果相一致。小微企业对政策了解程度越高，越有利于帮助其获得融资，即小微企业受到政府扶持的可能性就越大。当企业出现资金短缺时，通过政府资金的扶持，在一定程度上缓解了小微企业资金不足的困境，提高了小微企业的融资需求满足度。

通过对上文分析，可以得出小微企业成立年限、企业资产规模、企业所处地区经济状况以及企业对普惠金融政策的了解程度这四个变量通过了检验，对小微企业融资需求满足程度有显著的影响。而企业主的年龄、企业所属行业类型、企业盈利状况和企业是否有担保对其融资需求的满足度没有显著性影响。而小微企业对政策的了解程度对其融资需求满足程度显著性最高，也说明了目前政府普惠金融政策的实施缓解了小微企业融资难的困境，在一定程度上提高了小微企业融资需求的满足程度。

第五章　安徽农村普惠保险发展分析

普惠金融的含义是指以可负担的成本，为社会所有阶层和群体提供有效的、全方位的金融服务。在 2016 年“十三五”规划纲要中，国家正式提出要大力发展普惠金融。农村普惠保险是农村普惠金融体系的重要组成部分，对于农村经济发展有重要作用。本章将从安徽省农村合作医疗保险、农村惠农种植保险、农村惠农养殖保险和农村综合保险这四个方面分析近年来安徽省农村普惠保险发展的基本情况。本章通过观察近年来安徽省农村普惠保险各险种的发展成果，分析农村普惠保险发展过程所遇到的问题及其制约因素，得出研究结论，并据此提出相应的政策建议，为提高安徽省农村普惠保险的发展质量、为其未来发展助一臂之力。

第一节　安徽农村合作医疗保险发展分析

医疗保险一般具有社会保险的强制性、公益性等特点。譬如我国城市居民享受的城市职工基本医疗保险等。在我国，由于农村地区经济条件较差，所以导致农民群体因大病致贫、大病返贫现象较为严重。数据显示，截至 2016 年底，全国因病致贫、因病返贫的家庭 553 万户，涉及 734 万人[①]。因此，农村合作医疗保险的发展对于提高农民生活水平有重要作用。本节将从近 5 年来安徽省“新农合”保险的补贴水平和参合覆盖情况等数据展示“新农合”保险的最新发展成果。再从政府、医疗服务供应方和“新农合”参保者三个主体探究对安徽省农村合作医疗保险发展造成不利影响的因素。运用发展经济学和信息

① 资料来源：国家卫计委网站 http：//www.nhfpc.gov.cn/。

经济学理论对目前存在的问题进行分析。最后，针对以上制约因素分析出相应的应对措施。

一、安徽农村合作医疗保险的发展成就

新型农村合作医疗制度，是为了解决农民因病致贫、因病返贫等问题的医疗保险制度。新型农村合作医疗是由政府主办、医疗机构配合、农民自愿参加的医疗互助制度。2009 年，中央政府对医药卫生事业的发展方向做出重要指示，将“新农合”制度作为农村基本医疗保障制度。

安徽省作为中国的农业大省，农村合作医疗的发展在全省农村社会保障方面扮演重要角色。2008 年，安徽省作为全国首批实行不仅住院可报销，普通门诊看病同样可以享受一定报销比例的省份。根据 2016 年《安徽省新型农村合作医疗统筹补偿指导方案》，要求全省“新农合”补偿以“量入为出”为基本指导思想，“住院补偿为主，兼顾门诊受益面”为基本原则。其中，Ⅰ类医疗机构住院的起付线为该医疗机构次均住院医药费用×13%×（1＋1－该医院可报费用占总费用的比例），其他为该医疗机构次均住院医药费用×15%（Ⅴ类为 25%）×（1＋0.9－该医院可报费用占总费用的比例）。同时，Ⅰ、Ⅱ、Ⅲ、Ⅳ、Ⅴ类起付线分别不低于 150 元、400 元、500 元、700 元、800 元。补偿分为不分段补偿比例和分段补偿比例，分别见表 5－1～表 5－2 所列。

表 5－1　2016 年安徽省新农合医疗机构政策补贴标

类型	Ⅰ类	Ⅱ类	Ⅲ类	Ⅳ类	Ⅴ类
医疗机构	乡镇一级医院（卫生院）	县级一级二级医院	城市一级二级医院	城市三级医院	被处罚的医院
政策性补偿比例	90%	85%	80%	75%	55%

资料来源：安徽省卫生与计划生育委员会官网。

表 5－2　2016 年安徽省新农合起付线补贴比例表

医疗机构	政策性补偿比例起付线以下	起付线至分值段	分值段以上
Ⅰ类	0%	55%	90%
Ⅱ类	0%	50%	85%

资料来源：安徽省卫生与计划生育委员会官网，其中Ⅰ类、Ⅱ类医疗机构分段值可分别设置为 500 元、1000 元左右，也可为各医院起付线的 2 倍设置。

2017 年，为推进新型合作医疗制度的平稳运行和长期可持续发展，安徽省政府颁布实施了《安徽省 2017 新型农村合作医疗大病保险实施办法》。2017 年安徽省新型农村合作医疗有了新的发展。“新农合”在覆盖了省内所有的统筹地区的同时，还提高了对建档立卡贫困人口的保障水平。同时，大病保险的支付比例将达到 50%并将开展大病保险即时结算试点。截至 2016 年底，安徽省新型农村合作医疗保险的参加人数已达到 5121 万人。近年来，安徽省新型合作医疗的基本情况见表 5 - 3 所列。

表 5 - 3　2010—2016 年安徽省新型农村合作医疗概况

年份	参合人口（万人）	参合率（%）	补偿收益（万人次）	住院率（%）	住院实际补偿比（%）	基金总额（万元）	当年筹资（万元）	当年农民缴纳（万元）	基金支出（万元）	住院（万元）
2010	4750.2	96.0	4260.2	6.3	46.3	806508	721088	142982	632122	528925
2011	4917.1	98.7	6379.8	6.6	51.3	1307627	1129840	148045	932039	728213
2012	5043.8	99.5	10070.2	8.2	59.3	1869844	1487170	252338	1428581	1088589
2013	5149.6	100.6	10382.2	9.0	59.8	2326103	1895786	309303	1775728	1340230
2014	5190.8	101.0	10232.7	9.6	60.0	2659934	2129677	363169	2064647	1515114
2015	5191.0	101.8	10039.0	9.7	58.5	3116916	2551820	519018	2232031	1597854
2016	5121.0	102.0	9532.0	10.5	61.8	3676921	2854539	615320	2549181	1836585

资料来源：安徽省统计局网站。

二、安徽农村合作医疗保险的现存问题与不足

虽然近年来安徽省农村合作医疗保险有了一定的发展，但是在实施过程中仍存在诸多问题。下文将从政府、医疗机构和农民自身三个角度加以分析。

（一）政府角度

1. 城乡统筹层次不一

一直以来，安徽省城乡居民的医保在统筹层次方面有所差异。加之“新农合”的补偿力度不足，不能形成风险共担机制，易导致农民贫困

和城乡差距过大。近几年。安徽省城镇居民医保和“新农合”的统筹层次开始统一。2018 年起，各级财政对“新农合”的人均补贴将提高至 450 元，这将同城镇居民医保的补贴额度持平。此外，省内各市将分别制定补偿办法，但是要求保证门诊和住院费用报销率保持在约 50%和 75%的水平。安徽省将继续开展“新农合”大病保险，大病保险筹资水平的基础线是人均 25 元，但同时赋予地方一定的调整权限。建档立卡的大病保险起付线不仅有所下降，而且报销比例也会有一定增加[①]。但是在个人缴费方面，安徽省“新农合”保险个人缴费标准将从过去的 150 元提高 30 元至 180 元，但城镇居民医保仍保持个人缴费 150 元。

2. 疾病预防工作不到位

根据世界卫生组织对健康的定义，健康是指在身体上、精神上、社会适应上完全处于良好的状态，而不是单纯地指疾病或病弱。健康同样也是人的基本人权之一，我国政府也一直重视和尊重公民的健康权。近年来，我国公共卫生事业总费用不断增长，从 2010 年的 19980.39 亿元增长到 2016 年的 46344.88 亿元，同比增长 132%[②]。可以看出政府对于卫生事业的重视程度不断提高。

但是，目前安徽省在疾病预防工作方面仍有不足之处。在医疗硬件方面，许多基层疾控中心的硬件条件较差，一些核心实验室的技术水平有待加强。在人员专业技能方面，基层疾控中心医护人员的学历水平较省市一级的疾控中心相比总体偏低。以合肥市为例，市区的公立医院的住院医师均要求硕士及以上学历，而肥西县乡镇卫生院对于医生的学历要求仅为大专[③]。在人员专业素质方面，数据显示，安徽省县（区）级疾控中心用有高级职称的仅占 3.3%，而省一级疾控中心拥有高级职称的工作人员则占 25.1%[④]。在经费方面，由于基层疾控中心的经费相对紧张，难以为医护人员开展额外的技能培训，这容易进一步降低基层医疗机构的疾病预防能力。

---

① 资料来源：央广网 http：//www.cnr.cn/ah/news/

② 资料来源：国家统计局网站 http：//www.stats.gov.cn/。

③ 资料来源：安徽肥西县人民政府网站 http：//www.ahfeixi.gov.cn/。

④ 资料来源：全国疾病预防控制基本信息系统。

3. 政府监管不到位

政府监管的缺失主要体现在同级政府之间监管合作不力和政府对医患的监管有待加强。

站在同级政府视角，“新农合”资金陷入监管主体的矛盾。根据《新型农村合作医疗基金财务制度》的第四条要求[①]：由参合地区的财政和卫生部门对新农合资金进行监管，具体资金核算则由“新农合”保险的经办机构负责。而“新农合”的经办机构又是受到卫生部门的监管控制，这就造成了参合地区卫生部门既运营资金又监管资金的情况。

在对医患的监管方面，由于信息不对称，会造成医患合谋，医生提供超过实际所需的医疗服务，患者也乐于接受此类医疗，出现医疗资源和国家资金浪费的情况。2017 年审计署发布的 1 号公告显示，在审计中发现有 15.78 亿元的医保资金存在违法违规问题。其中，医患合谋骗保的事件较多，一些医疗机构伙同参保农民，骗取或盗用医疗保险基金高达数亿元[②]。在有第三方付费的情况下，医生和患者容易结为利益共同体，加之有些案件的犯罪手法需要专业的医学知识做支撑，审计人员的知识通常复合性不够，给政府的监管带来新的考验。

（二）医疗机构角度

1. 乡镇基层医疗机构不受青睐

在安徽省新农合制度中，越是基层的农村医疗机构，其补偿比例一般越高。根据《安徽省新型农村合作医疗和大病保险统筹补偿指导方案（2018 版）》[③]，以住院补偿为例，参加“新农合”的农民在乡镇医院可报销 60%，在三级医院仅可报销 30%。这一政策目的就是为了鼓励农民尽可能选择基层医疗机构治疗，防止出现“小病大治”的现象。数据显示，2016 年安徽省参合农民的住院费用比 2015 年同期增加了 23.87 亿元，同比增长 14.94%。但是乡镇一级的卫生院接待患者人次却呈下降趋势。2016 年安徽省乡镇卫生院总诊疗人次比 2015

① 资料来源：财社［2008］8 号。

② 资料来源：中华人民共和国审计署网站 http：//www.audit.gov.cn/。

③ 资料来源：卫基层秘 2017［558］号。

年减少了41.24万人次，住院治疗人次比2015年减少了2.55万人次[①]。究其原因，一些农民认为乡镇医疗机构在技术水平方面有所欠缺，致使更多病人流向更高一级的医疗机构。由于县以上级别医院的报销比例低于乡镇基层医院，但乡镇基层医院并不受农民的青睐，这使得农民实质的收益程度有所损失，难以真正缓解医疗费用过高给农民带来的经济压力。

2．“新农合”信息系统不稳定

由于安徽省地处中国中部地区欠发达地区，网络通信发展水平较东部沿海弱。加之乡村布局不规则、住户零散，造成施工难度和成本均大于城镇，甚至省内不同地区的网络通信发展水平也有较大差异。数据显示，2016年合肥的长途光缆纤芯长度为152593芯公里，而淮北仅为14270芯公里，存在10倍的差距[②]。通常情况下，参保农民在办理相关业务时必须到定点医疗机构填写相关信息，再将相关信息传至其他政府机构。因此，发达的网络通信环境至关重要。然而，大部分农村地区受经济发展水平的制约，网络的覆盖率低于城市地区，网速常常也不令人满意。在“新农合”业务的办理过程中，网络和系统的缓慢会降低业务办理的效率，甚至会降低“新农合”定点医疗机构在人民心中的好评度。

3．医疗模式单一

由于安徽省内不同区域经济水平存在一定差距，若采取“一刀切”的补偿模式可能会影响“新农合”日后的发展质量。当前，“大病补偿＋门诊统筹”是省内“新农合”的主流补偿模式，这一模式的优点在于能够防止农民“因病致贫，因病返贫”，缺点在于忽视了省内不同地域卫生条件的差异。因为大病补偿模式极易导致“逆向选择”，多数农民缺乏共济意识，一些患病风险较高的人会积极参合。提高了“新农合”补偿的系统风险，造成“新农合”资金在补偿中捉襟见肘的状况。这不仅降低了“新农合”对参合民众的保障程度，还制约了省内农村医疗保障事业的发展进程。2009年，中央下达《关于巩固和发展

① 资料来源：安徽省统计局网站 http：//www.ahtjj.gov.cn/。

② 资料来源：安徽省统计局网站 http：//www.ahtjj.gov.cn/。

新型农村合作医疗制度的意见》[①]，意见中规定以“大病统筹”为补偿模式的地区要重视资金的监管和运行质量，经济状况许可的地区可以考虑实行“住院统筹加门诊统筹”模式。

（三）农民自身角度

1. 疾病预防意识较差

一直以来，由于经济发展水平的差距，使得农村卫生水平和受教育程度造成的差异。中国农民同城市居民相比，疾病预防意识较差。数据显示，中国农民的平均受教育年限为 7.8 年，而城镇居民的平均受教育年限为 11 年[②]。基础教育的落后与缺失，使得农民群体获取相关科学文化知识上稍显吃力，对于疾病预防的相关知识储备较为欠缺。在医疗条件方面，农村居民在享受的医疗床位个数、医护人员素质和数量这两个指标与城镇居民有较大差异。以 2016 年的全国数据为例，2016 年中国城市居民每万人拥有的卫生机构床位数是农村居民的两倍多。每万人拥有的医护人员数量虽农村略多于城市，但是在医护人员专业素质方面，城市医疗机构多以执业医师和注册护士为主，农村医疗机构的乡村医生和卫生员在专业素质上则处于劣势。

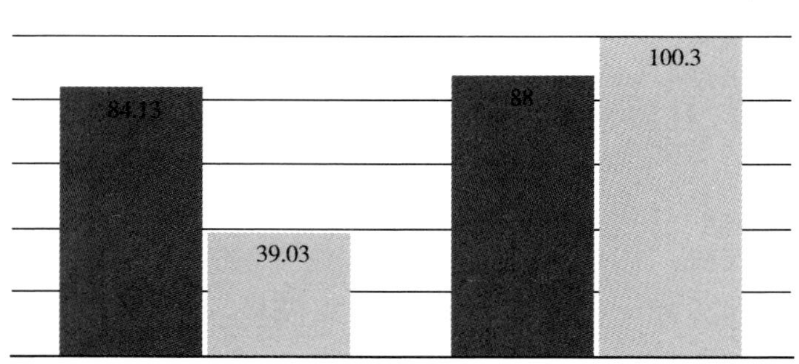

图 5-1　2016 年中国城乡医疗条件比较简图

资料来源：国家统计局网站。

① 资料来源：卫农卫发〔2009〕68 号。

② 资料来源：http://www.china.com.cn。

2. 参合农民过度消费问题较突出

农村合作医疗保险给农民的医疗费用给予一定保障的同时，也带来了一定的道德风险。这一风险主要体现在一些农民因为有新农合的保障而心存侥幸心理，疏于对个人的健康管理，使得患病的风险增加，增加了对医疗服务的需求。一些投保农户由于参加新农合，使得实际支付的医疗费用下降，造成对额外医疗服务的需求增加。近年来，随着"新农合"保险的补偿比重的提升，造成道德风险持续攀升，参合农民对医疗服务的需求弹性也发生着变化。

根据西方经济学的价格弹性原理，"新农合"政策使得农民对医疗服务的需求弹性从富有弹性变成缺乏弹性。2011年，西安交通大学曾做出关于《不同医保患者住院费用比较研究》。研究结果显示，"新农合"患者存在着比较严重的过度医疗问题。调查报告显示，"新农合"患者在住院天数方面要高于非新农合患者，为非新农合患者的1.5倍。在接受特殊治疗与药品的费用上，新农合患者也明显高于非新农合患者。从图中可以看出，在新农合保险实施之前，当医疗服务的价格从 P_1 上涨到 P_2 时，医疗服务的需求量从 Q_1 到 Q_2 的减少的 Q_1Q_2 的值明显大于实施新农合之后需求减少的 $Q_1^*Q_2^*$。这说明新农合让农民对医疗服务价格变化变得更不敏感。由于参合农民医疗需求的增加，他们将会寻求一些并不十分重要的医疗服务。这激化了"新农合"过度消费的问题。

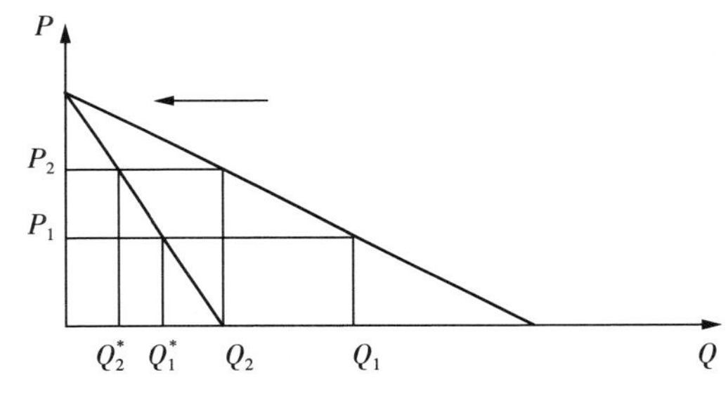

图 5-2　农民对医疗服务需求弹性变化

3. 部分参合农民存在骗保行为

首先，由于部分农民对"新农合"保险抱有强烈的补偿和非理性获利心理，导致一些农民不惜造假骗取"新农合"保险的补偿。其次，一些农民是在从众心理的驱使下参加"新农合"保险，对于"新农合"没有一个正确的"主人翁"意识。在使用"新农合"保险治疗过程中有很强的随意性，甚至意识不到骗保这一行为的严重性。

2010 年安徽省太和县发生了一起严重的“新农合”骗保案件，部分农民故意购买假发票办理补偿，涉及发票总额达到 18.52 万元①。这一块监督的缺失，给“新农合”保险的整体监管质量以较大的负面影响。

三、制约安徽农村合作医疗保险发展因素的经济学分析

针对上文所提到制约安徽省新农合保险进一步发展的因素（图 5-3），可以从发展经济学和信息经济学两个理论进行分析。

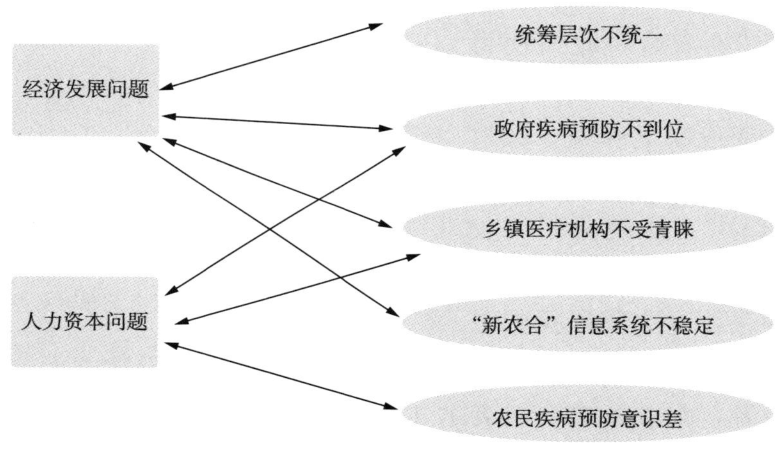

图 5-3 “新农合”业务问题图

（一）发展经济学角度的分析

西奥多·舒尔茨是发展经济学的代表人物之一，舒尔茨认为人力资本是农业增长的主要源泉，并且由教育、健康等投资所形成的人的素质提高和生命周期的延长，也是资本的一种形式②。综合上文对于安徽省“新农合”发展问题的阐释，可以得出制约安徽省“新农合”发展的问题主要集中在经济发展落后导致财力不足、教育人才培养方面不占优势导致人才向对不足和人口文化素质相对较低。下文将运用发

① 资料来源：财新网 http：//china.caixin.com/。

② 西奥多·舒尔茨．经济增长与农业［M］郭熙保，周开年，译．北京：北京经济学院出版社，1991.

展经济学的相关原理，对这些问题进行更进一步的分析。

农村合作医疗保险的发展与地区的经济发展水平、老龄人口比重和教育发展水平有密切的关系。经济发展水平落后或是不均衡，会导致城乡统筹层次的不统一；基层医疗机构难以吸引专业素质强的医疗人才，致使农民对基层医疗机构的不信任；网络发展水平的落后造成信息系统的不稳定也会抑制“新农合”的发展。人力资本的落后或发展不均衡，会导致中小城市人才流失严重，造成基层医疗机构的业务能力下降；同时农民群体的疾病预防意识不佳同样会给“新农合”业务带来不良的影响。

1. 经济发展水平较东部地区落后

经济发展水平的相对落后，会制约省内各项事业的发展。政府财政的不足首先会给省内“新农合”的统筹补贴层次造成不利影响。其次，由于财力的缺乏会使得基层医疗机构和基层疾病控制机构各项工作难以有效展开。同时，也会影响省内网络系统覆盖等基础设施建设。制约“新农合”的长期稳定发展。

近年来，安徽省经济整体持平稳发展态势，但同东部发达地区相比仍有较大差距。江苏省、浙江省是与安徽接壤的经济发达省份。2016 年，江浙两省的生产总值和人均生产总值均大于安徽。其中江苏省的生产总值约为安徽的 3 倍，人均生产总值约为安徽省的 2.5 倍。

经济发展水平的落后，导致难以有坚实的财政的基础对“新农合”的发展给予经济支持。在疾病治疗等健康领域，江苏全省拥有基层医疗机构个数为 29116 个，而安徽仅为 18555 个[①]。在专业医疗水平方面，江苏全省拥有 38 家三级甲等医院，而安徽省仅为 20 家，约为江苏省的一半。可见，相较东部发达地区的邻省，安徽落后的经济发展状况制约了其医疗服务水平的提高。这一背景导致了上文所提到的基层医疗机构治疗水平的问题和农民对基层机构认可度不高的现状，如图 5－4 所示。

① 资料来源：安徽省统计局网站 http：//www.ahtjj.gov.cn/，江苏省统计局网站 http：//www.jssb.gov.cn/。

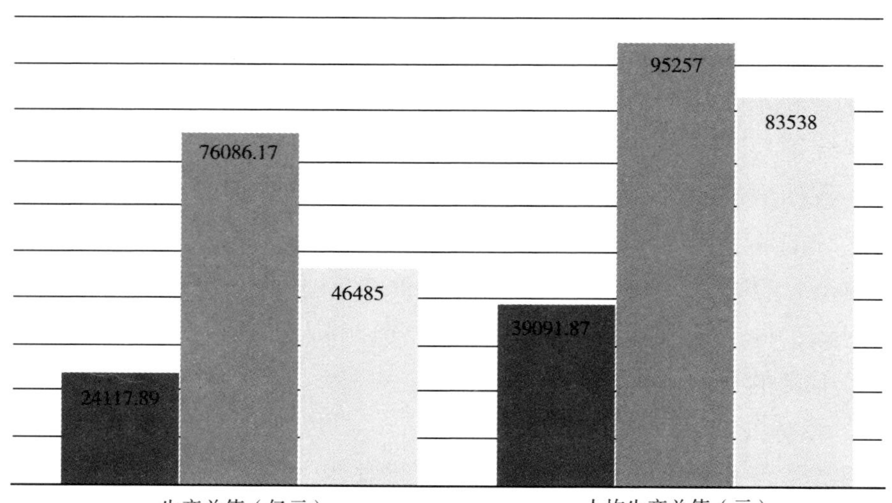

图 5-4　2016 年江浙皖三省经济比较

资料来源：江浙皖三省统计局综合整理。

2. 人力资源素质有待加强

人口素质是某一地区经济发展的重要保障之一，国家也提出了“科教兴国”和“人才强国”的发展战略。省内人力资源素质整体较弱，表现在医疗机构层面即是省内基层医疗机构的诊疗水平同较高级别医疗机构水平的差距大，省内较高级别医疗机构同发达省市同级别机构的诊疗水平也存在一定差距；表现在农民素质层面即是该群体整体疾病预防意识较差，是“新农合”长期经营的不稳定因素之一。改革开放以来，安徽省在提高人口素质方面取得了一定可喜的成果，但同东部发达省份仍有一定差距。

在教育水平方面。2016 年安徽省人均受教育年限为 9.23 年，江苏省为 9.5 年。在高等教育方面，安徽省受大学（含大专）以上教育的人口占总人口的 12.47%，江苏省为 15.5%①。教育部公布的“双一流大学”名单里，江苏省共计 15 所高校，安徽省仅为 3 所。教育水平

① 资料来源：安徽省统计局网站 http：//www.ahtjj.gov.cn/，江苏省统计局网站 http：//www.jssb.gov.cn/。

的不足不仅会在一定程度上制约人力资本的素质，还可能会使已有的人才流失，制约医疗等专业化要求较高的行业的长远发展。

在人力资源流出方面，安徽省每年有大量劳动力流入东部发达地区。数据显示，2016 年安徽流向外省的人口占全省外出流向构成的 67.45%。其中浙江、江苏、上海是最主要的人口流入地，分别占比 27.32%、26.27%和 25.19%[①]。这使得安徽农村地区的受过一定文化教育的年轻人不断减少，多以文化程度较低的老人为主。这些农村老年群体在疾病预防方面的能力不强，法律意识也较为淡薄，使得“新农合”保险的“逆选择”和“道德风险”发生的概率增加。

在人口老龄化方面，随着医疗水平和居民生活质量的提高，安徽省人均寿命近年来不断提高。根据最新版的《安徽省老龄事业发展报告（2016）》[②]，截至 2016 年底，安徽省 60 周岁及以上常住人口为 1102.2 万人，占常住人口总数的 17.8%，超过国际标准的 10%的界限。该报告还预计，2046 年开始安徽省将提前全国平均水平 5 年，进入重度老龄化社会。老龄化社会的日益严峻，给全省的医疗、养老服务带来重大挑战。由于这一年龄段人口患各类疾病的概率比其他年龄段更大，老龄化人口的加剧会给农村合作医疗保险的运营带来资金运转和基层医疗服务质量压力。

（二）信息经济学角度分析

20 世纪 70 年代，阿克洛夫等知名学者从经济实践中发现，经济行为各方的行为者所拥有的信息不仅不充分，而且是不均匀、不对称的[③]。信息经济学是一门针对信息不对称博弈在经济学上研究的学科。综合上文对于安徽省“新农合”发展问题的阐释，可以看出政府、医疗机构和参保农民三方之间信息不对称造成的一系列道德风险和逆向选择是制约“新农合”发展的重要原因之一。下文将运用信息经济学的相关问题，对这一问题进行进一步分析。

---

① 资料来源：安徽省统计局网站 http：//www.ahtjj.gov.cn/。

② 资料来源：皖政办［2017］61 号。

③ 资料来源：Akerlof，George. The market for Lemons：Quality Uncertainty and Market Mechanism ［J］Quarterly Journal of Economics，84（7），1970，PP：488 - 500.

道德风险和逆向选择是信息不对称造成的系列后果之一，道德风险是 20 世纪末经济学家提出的经济哲学范畴的概念，经济学家认为经济主体在经济活动中一方自身效用的增加的同时，主体也会做出不利于其他一方的行为。逆向选择是信息不对称所造成市场资源配置扭曲的现象，经济交易双方在信息不对称的情况下，出现劣等品挤占优等品的情况，最终造成经济活动的平均质量下降①。在“新农合”保险中，道德风险和逆向选择会导致参合农民过度消费、恶意骗保等情况。

1. 道德风险

“新农合”保险中道德风险主要存在于参保农民的道德风险和医生的道德风险。农民的道德风险主要集中在“小病大养，无病拿药”造成的过度消费的问题和在投保之后，放松对自己身体健康的管控，造成患病概率的增加。这主要是由于一些参合农民认为有“新农合”保险做兜底，使得自身对医疗费用增长不敏感。上文提到，“新农合”保险降低了农户医疗服务的需求弹性，医疗价格的增加并没有同等比例地减少农户对医疗服务的需求。这使得参保农民寻求更多不必要的医疗服务，造成医疗资源的浪费。加之在“新农合”补偿体系中，医生和患者有着一定的共同利益。部分医生甚至铤而走险，参与骗取医保基金。2018 年初，安徽省就曝光出安徽省中医药大学第三附属医院医护人员套取国家医保基金的新闻②，造成了极为恶劣的社会影响。

2. 逆向选择

参保费用缺乏稳定增长机制和道德风险的增加是造成安徽“新农合”保险逆向选择的主要原因。

首先，分析参保费用。“新农合”的筹资额是由中央和地方财政补贴、农民个人缴费共同组成。如图 5－5 所示，近年来，安徽省“新农合”人均筹资不断增长，且增长速度有加快趋势。以户为单位参合后，

---

① 曼昆．经济学原理［M］．梁小民，译．北京：北京大学出版社，2012.

② 资料来源：http：//www. xinhuanet. com/。

农村居民的缴费压力更将成倍扩大。部分参合农民家庭出于理性经济的考虑，认为如果家中无人患病，“新农合”保险给自己带来的实惠并不大，从而增加了逆向选择的风险。因此，上文所提到的一些农民的疾病预防意识降低的风险将增大，这也加大“新农合”潜在的系统风险。

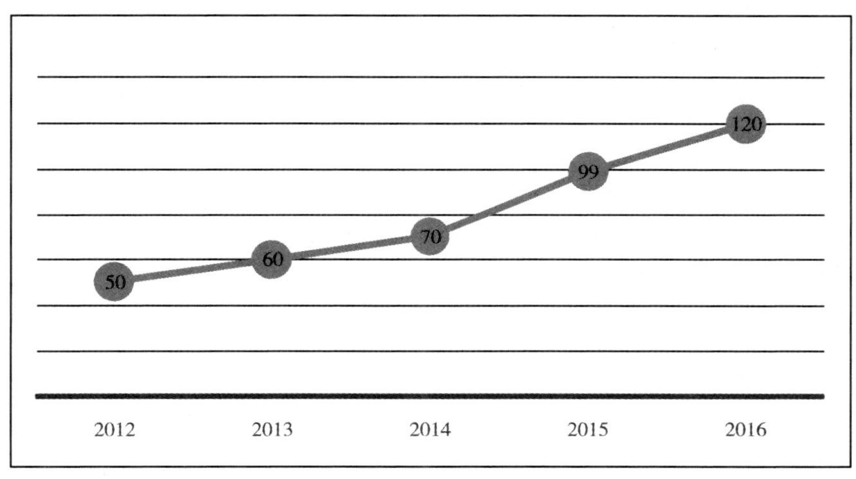

图 5-5　2012—2016 年安徽“新农合”人均缴费增长趋势图

资料来源：安徽省统计局网站

其次，分析道德风险。由于投保机构和投保农民之前的信息不对等导致“新农合”保险机构处于劣势。因为，一般情况下“新农合”保险机构通过当地疾病的平均发病率来计算补偿比率。这使得身体健康相对良好的农民不愿意参加，而身体素质较差、患病率高的人更愿意参保，这就加重了逆向选择。同时，在新型农村合作医疗保险中，农民自身患病需要何种程度的医疗保障，有了“新农合”保险，患者比以前选择更多、更好的医疗消费的概率将变大，甚至会出现过度医疗的现象。同时，由于医生所具有的垄断地位，病人也不知道自己所进行检查和治疗是否恰当，如果存在利益驱动，医生还有可能诱导病人多消费，从一些不必要的检查和治疗中获利。甚至出现医患同谋，骗取“新农合”医疗费用的现象。如上文提到，近几年省内医患同谋，通过制造假发票等手段骗取国家医保资金的案件时有发生，造成了极为恶劣的社会影响。

四、安徽农村合作医疗保险发展的政策建议

（一）政府视角

1. 统一城乡补偿层次，加强大病补偿力度

首先，是要逐步改革筹资机制。各地区异地结算体系的完善，需要改革筹资体系，逐步实行市级统筹。同一省内如果不同县域差别过大，对稳定参合水平有不利的影响。可以缩小不同县区之间的差异，使得全省农民享受尽可能同等的保障水平①。在资金有限的情况下，把握好保障水平与受益面的平衡，最大限度地发挥“新农合”的政策作用。其次，还应当适当加强大病的补偿力度。目前大病治疗仍需要农民支付较为高额的治疗费用，这很难保证农民不因大病陷入贫困。另外，一些慢性病的治疗虽然单次诊疗费用不高，但长时间累计诊疗费用对于农民来说仍是不小的负担。因此建议将一些慢性病纳入大病统筹，有效减轻农民负担。

2. 加强对疾病的预防措施

首先，应当加强基层疾病控制中心和医疗机构的医疗设备的质量，以加强医疗机构的治疗水平。根据最新颁布的《安徽省人民政府关于健康脱贫工程的实施意见》②，安徽省政府加强了对于农村疾病预防措施的把控，尤其是贫困地区贫困人口。这一目标的完成要求乡镇基层疾病防治机构有一定程度的预防水平。其次，应从政府层面要求基层医疗机构不断加强医护人员的专业技能与素质。在医务人员招聘方面，可以适当提高招聘的学历条件，让人员专业素质尽量向市区更高一级的疾病预防机构看齐，提高基层医疗机构的治疗水平。在专业人员培训方面，政府可以在通过鼓励基层医疗机构已有的骨干人员不断精进专业知识，取得更高一级的职称的同时，遴选一些骨干人员去更高一级别的疾病预防机构进行交流学习，提高实际工作能力。最后，在经

---

① 宫习飞，于保荣．新型农村合作医疗运行状况及住院补偿比影响因素分析［J］．中国卫生政策研究，2010（4）：49－53.

② 资料来源：皖政〔2016〕68号。

费方面，可以适当提高对基层疾病机构的补贴，用于改善其硬件条件和用于医务人员培训等软件条件。通过以上措施整体带动提升农村地区疾病防控能力和水平，农村地区及贫困人口重点疾病发病率明显下降，因病致贫、返贫人口数量明显减少。

3. 提高政府监管的准确性

在安徽省内“新农合”的监管体系中，应当避免“新农合”资金的使用和监管被同一部门控制的尴尬局面。在监督体系中，应以政府财政、审计部门监督为主，卫生部门监督为辅。财政、审计部门通过财务审计方面的专业知识，对“新农合”报销的账目、发票进行核查。卫生部门主要配合检查药物使用、治疗方法上有无重大不规范行为。还可以运用相关专业的高校高年级学生作为第三方监督，辅助监管。不仅可以增加大学生的社会实践经验，也可以在一定程度上提高监管的准确性。

（二）医疗机构角度

1. 加强基层医疗的治疗水平

基层医疗机构的治疗水平得不到提高，不仅会影响农民的身体健康，而且会使农民对于基础医疗机构的信任度下降，导致农民更愿意去高一级的医疗机构治疗，给“新农合”的发展造成不利影响。可见加强基层医疗机构的治疗水平势在必行，治疗水平的提高依赖于基层医疗机构医生的专业技能和医疗设备的先进化程度。因此，可以通过培训等方式提高医生的治疗水平，财政方面给予一定补贴购置更好的医疗设备。此外，由于安徽省内各地经济发展水平和医疗水平有一定差距，应当根据各地的实际情况，制定出符合当地实际情况的基层医疗标准，而不是盲目追求全省各地基层医疗机构治疗水平的统一。

2. 加强“新农合”系统的信息建设

在“新农合”的发展过程中，必须完善农村定点医疗机构与“新农合”信息信息平台的有效沟通与连接，这对全省的网络通信建设提出了要求。首先，要做好现有网络的优化和升级工作，提升信息基础设施能力，满足社会对信息化的需求，为社会尤其是农村地区提供优质的通信服务。据悉，2016 年财政部、工业和信息化部已对安徽省内未通宽带的行政村或已通宽带但接入能力不强的行政村进行提速，项目建设时间将长达 7 年[①]。其次，基层医疗机构还应当更新医院的网络系统，逐步实现省市级“新农合”信息系统与其他省市“新农合”信息系统实现有效的连接，为实现我省与其他省市就医即时结算做一个好的铺垫作用。只有高效便捷的网络信息系统才能保证“新农合”异地就医即时结算工作的快速发展。

3. 健全“新农合”的医疗补偿模式

目前国内常见的“新农合”医疗补偿模式主要分为“大病统筹”模式、“住院加门诊统筹”模式、“大病统筹加家庭账户”模式、“住院统筹加家庭门诊账户加门诊统筹”模式。补偿模式的不同，会导致收入分配有所差异。省内各市可以根据本地区的实际情况选择一到两种“新农合”的医疗补偿模式，使得“新农合”资金实现最大的使用效益。

（三）农民自身角度

1. 加强农民群体的疾病预防意识

由于农民群体所受教育水平普遍不高，导致许多农民的健康意识淡薄。一些慢性病在早期的症状并不显著，使得一些农民忽视了疾病而错过最佳治疗时间。

目前，农村合作医疗保险在农村地区已经比较普及，农民看病难、看病贵的问题已经得到一定改善。但农村还普遍存在着健康养生观念落后，对疾病预防认识不足的现象。每年主动、定时、准时去医院做体检的人少之又少，好多疾病不能被及时发现，最后成为致命的隐患。因此，应当加大宣传意识和资金投入，使得农村居民能有城市居民一样的疾病预防意识。基层医疗机构应强化预防保健职能，提高基本公共卫生服务能力，保证基本公共卫生服务均等化。帮助农民树立积极向上的健康态度和健康风险观念，有病早看、没病预防、远离疾病的困扰。

---

① 资料来源：搜狐网 http：//www. sohu. com/。

2. 防止参合农民过度消费

首先，从农民自身角度。一是要对农村合作保险有清醒的认识，明确这是一种政府福利政策而非救济，要根据自己的实际需求选择适当的医疗服务。二是应当提高农民群体的疾病预防水平，防止因疏于对个人健康管理而造成的疾病发生的概率，及因此提高的道德风险。其次，政府也应制定相应的规章制度，对于较高水平的医疗费用做出一定的限制、管控措施。防止农民因“新农合”造成需求弹性下降而引起的恶意过度消费的行为。

3. 提高自身道德修养，拒绝恶意骗保

农民作为“新农合”的参与者和主要受益者，应当提高自身修养，拒绝骗保行为。这也需要基层政府和医疗机构协同合作，政府需要经常性地宣传“新农合”的知识和政策，如在“新农合”参合宣传阶段、筹资阶段利用走访农户的优势对“新农合”相关制度进行宣传，让农民意识到骗保问题的严重性，从而自觉地严格把控自己的行为。比如，在教育的过程中，通过视频案例教育向农民明确恶意骗保所要负的法律责任。让农民去了解“新农合”政策，明白“新农合”制度推行的意义。医疗机构也应当谨慎工作，在发现农民有骗保倾向的时候及时制止，避免国家“新农合”资金出现更大的损失。

第二节 安徽农村惠农种植保险发展分析

政策性农业惠农种植保险是政策性保险的重要组成部分，已经升华为国家的重大农业政策。安徽省是中国的农业种植大省，常年农作物播种面积达到 800 万公顷[①]。同时安徽省也是全国自然灾害多发的省份之一。2016 年，安徽省农作物受灾面积达到 1356.32 千公顷[②]，当年全国受灾面积为 26220.7 千公顷，安徽一省占全国农作物受灾面积

① 资料来源：安徽省农委网站 http：//www.ahny.gov.cn/。

② 资料来源：安徽省统计局网站 http：//www.ahtjj.gov.cn/。

的5.2%[①]。因此，惠农种植业保险对于安徽省的农业经济发展将起到重要的推动、保障作用。本节将侧重近年来政府补贴这一角度分析安徽省惠农种植保险的发展成就。结合安徽省内发展实际，得出经营风险较大和巨灾分散机制不完善是制约惠农农业保险进一步发展的主要因素，并运用需求供给经济学理论，给予安徽惠农种植业保险市场的需求供给矛盾进行分析对目前存在的问题进行分析，提出相应的政策建议。

一、安徽农村惠农种植保险的发展成就

种植业保险是为分散农作物种植和生产过程中，可能遭遇的相关风险的保障方式。一般地，种植业保险由农作物保险和林木保险两种构成。由于种植业保险在农作物灾后为农民提供了许多有价值的补偿，该险种受到了更多群体的关注。

安徽省地处长江中下游地区，北部以平原为主，盛产小麦、大豆、棉花等农作物。中部地区以平原和丘陵为主，水系众多，主产水稻等粮食作物。南部地区多山地，多种植茶叶等经济作物。气候上以温带、亚热带季风气候为主，季节性降水较多，夏季多暴雨等灾害性天气。当副热带高压强劲时，夏季也易出现干旱天气，是自然灾害多发地区。

2008年安徽省开始进行政策性农业保险试点，对农业生产有重要作用的大宗农作物，譬如水稻、小麦、玉米、油菜、棉花等，在相关地区进行试点。关于种植业保险的保险责任，种植业保险主要针对人力难以控制的自然灾害，包括暴雨、洪水（政府行蓄洪除外）、内涝、风灾、雹灾、冻灾、旱灾、病虫草鼠害等给农民造成的经济损失。在种植业保险费率方面，结合安徽省经济发展实际，遵循“低保障，广覆盖”这一原则。种植业保险金额是按照农作物生长过程中所需要的直接指出，包括种子、化肥、农药、灌溉等费用，主要保障目标是使投保农户能有继续恢复农业生产的经济实力。目前，安徽省政策性农业保险补贴见表5－4所列。

---

① 资料来源：国家统计局网站http：//data. stats. gov. cn/。

表 5-4　安徽省政策性农业保险补贴

品种	小麦	水稻	玉米	油菜	棉花
保险金额（元/每亩）	260	300	240	260	300
保险费率（%）	4	5	5	4	5

资料来源：《安徽省人民政府关于开展政策性农业保险试点工作的实施意见》。

在种植业保险财政补贴方面，种植业保险保费中央财政补贴35%，省财政补贴25%，市县财政补贴20%，种植场（户）承担20%。这一举措将在很大程度上减轻农户的经济负担。

二、安徽农村惠农种植保险的现存问题与不足

（一）安徽种植业保险经营风险较大

种植业保险在经营方面不同于其他保险产品。受农业风险的相关性、核保理赔时信息不对称性和巨灾风险造成的损失等因素影响，使得种植业保险的经营风险远大于普通保险。

1. 风险的相关性

在种植保险设计定价中，一般农作物都是集中种植的，使得种植业保险标的之前的风险都是有关联的。叶明华曾对安徽、江苏和河南等地的粮食主产区做水旱灾害成灾的 Pearson 相关性分析。结果显示，安徽和江苏的成水灾相关系数为 0.802，属于极强相关区。安徽和江苏、河南等地区的旱灾相关系数均超过 0.6，属于高度风险相关地区[①]。这一相关性使得种植业保险的经营上难以很好地满足“大数法则”，这造成了风险转移效率的降低[②]。其次，由于国内农业保险发展相较发达国家并不成熟，农业自然灾害的相关损失数据资料较为缺乏。目前多以 3～5 年的经营数据作为定价的依据，但是农业损失年际之间差异较大，容易导致高估费率造成保险基金的结余或低估费率造成农

① 叶明华，胡庆康．农业风险的区域相关性和农业保险的协调优化［J］．江西财经大学学报，2012，(05)：50-58.

② 王光宇．安徽省农业自然灾害损失保险问题及对策研究［J］．安徽农学通报，2007，(13)：15-22.

险公司不堪赔付[①]。

2. 信息的不完备性

在种植保险经营方式方面，现阶段省内种植保险通常是由基层村委会组织，进行团体投保。为了促进农业保险惠农政策的高质量完成，国家要求农业保险实行“三到户”原则，即承保到户、定损到户、理赔到户。以国元农业保险为例，该公司在省内重要的农业生产县区都安排有驻点员，并在行政村发展基层兼职协保员。目前省内的基层协保员规模已达到 1.8 万人[②]。但是在实务中，定损到户这一点是很难做到的。定损的控制权委托行政村基层干部为主体的协保员，容易导致在实操中定损的随意性较大。长此以往，会导致种植保险险种的经营效率不断下降。

3. 巨灾风险机制不完善

安徽省受其地理环境和气候条件影响，遭受洪水、冰冻、干旱等气象灾害的可能性较大。近年来，安徽省受旱灾、洪涝灾害较为严重，甚至造成了农作物的大面积绝收，见表 5－5 所列。

表 5－5　2010—2016 年安徽省农作物受灾情况　　单位：千公顷

年份	农作物受灾合计		旱灾		洪涝灾	
	受灾面积	绝收	受灾面积	绝收	受灾面积	绝收
2010	2070.95	146.04	825.34	0.65	1084.08	133.53
2011	2363.99	71.07	1615.07	35.87	604.47	30.20
2012	2077.12	69.14	1474.46	28.88	323.29	19.27
2013	2297.35	237.61	1796.21	207.22	296.56	29.77
2014	710.03	23.28	391.34	16.53	285.68	5.99
2015	948.96	149	/	/	719.64	132.94
2016	1356.32	455.31	179.46	59.4	1126.66	393.2

资料来源：安徽省统计局网站。

① 丁少群．政策性农业保险经营技术障碍与巨灾风险分散机制研究［J］．保险研究，2011，(06)：56－62.

② 资料来源：中保网 http：//chsh. sinoins. com/。

一般而言，农业保险的经营风险要比普通财产保险大。数据显示，农业保险的赔付额的离散系数接近普通财产保险的 10 倍[①]。因此，农业保险的巨灾分散机制是不可缺少的。虽然中共中央国务院曾多次在中央一号文件中对农业保险巨灾分散问题提出意见，但是目前中央层面没有对农业巨灾保险分摊机制的实质性举措，尤其是涉及财政补贴方面。这给像安徽省这一类经济欠发达的农业大省提出了不小的挑战。如果出现了农险公司难以承受的重大自然灾害情况，将严重影响农业保险制度的可持续性。

（二）安徽种植业保险查勘定损难，赔付率较高

1. 查勘定损难度较大

种植业保险定损难主要表现在两个方面。一是安徽省农业种植面积较大，造成客观上赔付的不便。二是种植业保险的损失界定较为复杂。首先，安徽省是农业大省，农作物播种面积较大，主要以家庭为单位的小规模种植。数据显示，安徽省拥有 16 个地市，2016 年农业人口达到 4952 万人[②]。全省承办政策性种植业保险的公司仅国元农业保险公司和中国人保财险公司安徽分公司两家。其中，大多市县的农业保险由国元农险公司承办。虽然一些农业保险机构在村一级单位设立定点机构，但仍然难以满足种植业保险日益增长的需求。其次，种植业保险的标的是生病的农作物，赔付应当根据标的所处生长阶段的实际价值计算。当农作物尚未成熟时，确定其未来的收获量是较为困难的。

2. 赔付率较高

影响农作物生长的灾害一般是受不可抗力影响所造成的。这些灾害不仅损失大，而且发生较为集中，导致农业保险总体赔付率一直处于一个较高的区间。从图 5－6 可以看出，近年来安徽省农业保险的赔付率不仅年年超过保险总体平均赔付率，而且赔付率均高于 50%，在 2016 年甚至达到了 118.72%。

---

① 资料来源：Miranda. M.，Glauber. J. W. System Risk，Reinsurance，and the failure of Crop Insurance Markets [J]. American Journal of Agriculture Economics，1997 (79) 1，pp：206－215.

② 资料来源：安徽统计局网站 http：//www. ahtjj. gov. cn/。

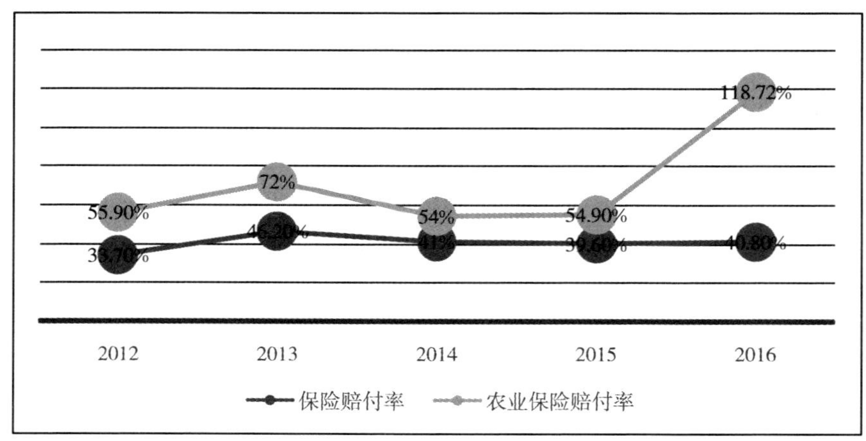

图 5-6 2012—2016 年安徽省农业保险赔付率比较图

资料来源：安徽省统计局网站。

（三）农民对种植业保险缺乏了解

1. 农民对种植业保险认知水平低

保险的社会认知度较低一直是制约我国保险长远发展的因素之一，种植业保险受这一问题的困扰更为严重。南京农业大学曾做过一项关于农民对农业保险认知度的调查①。调查显示，受教育年限和农民的投保意愿有较为明显正相关关系。在受教育年限为 0～12 年这一区间内，受教育年限越高，购买农业保险的意愿越强。但是国内现阶段农民整体所受教育程度并不高，农民群体对于种植业保险的认知需要一个过程。一些农民认为一旦购买种植业保险，若不进行报案寻求理赔，会给自己造成经济损失。甚至一些基层政府将关于农业保险的资金补贴视为一种累赘。农民群体应当明确，种植业农业保险的实施并不能降低生产成本，确保农业种植稳定增收。只能在一定程度上降低生产风险，保护农民利益，体现保险的损失补偿这一基本功能。

2. 农民对种植业保险的积极性话语权较弱

农民对种植业保险的投保积极性取决于保险是否能给他们带来真

① 刘荣茂．农民对农业自然灾害和农业保险认知情况的调查分析［J］．农村经济，2006，（02）：71-74.

正的实惠，但是由于免赔额的限定，削弱了一些农户的投保需求。以国元农业保险安徽分公司为例，该公司根据《安徽省政策性农业保险理赔管理暂行办法》[①]，对种植业保险实施按比例赔付，设立理赔起点为30％和15％的绝对免赔额。当损失率达到80％以上，才按生长期的全额赔付。2011年，安徽省太和县叶堂村村民叶某，种植的0.36公顷小麦受灾。按照全村损失率60％计算，叶某最后仅获得约27元的赔偿[②]。加之在实际理赔中，农民代表并不多，当自身权利受到侵害时难以做出适当的反应，没有充分的话语权。

三、制约安徽农村惠农种植保险发展因素的经济学分析

（一）从供给需求矛盾角度分析

马克思认为：价值决定价格，供求受价格影响；反过来，供求同样会调节价格，再通过价格调节生产规模[③]。在需求方面，农民对种植业保险缺乏了解加之农民总体的收入水平不高、政府的补贴力度不够，使得种植业保险的实际需求小于理论需求。在供给方面，由于种植业保险客观经营风险的存在，保险公司出于盈利的考虑而减少供给。最终惠农种植业保险的供给需求矛盾导致种植业保险市场失灵，制约种植业保险的发展。下文将运用供给需求矛盾的相关理论，对这些问题进行进一步的阐释。

1. 安徽省种植业保险的需求问题

首先，安徽省作为中部地区农业大省，对种植业保险有较大的理论需求。安徽省内的地理环境较为复杂，境内有淮河与长江两大水系，把全省分割成淮北、江淮、江南三个自然环境有所差异的地区，上述三个区域的地形地貌和汗湿环境各有不同。针对安徽省独特的自然地理环境，不同农作物在省内的种植风险等级也是不同的。根据中国保监会曾发布《全国种植业保险区划研究报告》中的数据，安徽省在水稻、小麦、油菜等主要农作物上风险评分较高，见表5－6所列。

---

① 资料来源：农险办〔2008〕11号。

② 资料来源：安徽日报农村版网站 http：//epaper.anhuinews.com/。

③ 逄锦聚，洪银兴．政治经济学［M］．北京：高等教育出版社，2014.

表 5-6　安徽省主要农作物种植风险等级

作物	水稻	小麦	玉米	棉花	大豆	花生	油菜
风险等级	较高	较高	较低	中	较高	较高	较高

资料来源：由保监会官网整理。

目前，这些农作物是安徽省内的主要种植品种。2016 年安徽主要农作物播种面积见表 5-7 所列。

表 5-7　2016 年安徽主要农作物播种面积　　单位：千公顷

作物	稻谷	小麦	玉米	油料	棉花
播种面积	2265.5	2446.9	876.4	731.13	183.44

资料来源：安徽省统计局网站。

农作物的种植面积反映了其承灾体的暴露性，种植面积越大，使得暴露性越大，越容易遭受自然灾害的打击。加之，上文提到由于地处淮河流域，水旱灾害发生的相关性系数大。安徽省省内，不同农作物有其不同的主产区。这些主产区一般集中成片，一旦发生自然灾害，将造成该种农作物主产区连环式的灾害。皖北主要是平原旱作棉粮区，主要以小麦、棉花、马铃薯、烟草为主。淮河以南至长江以北广大地区为皖中丘陵水旱作物过渡区，以玉米、水稻、油菜为主要农作物品种。皖西山区主要以茶叶、油茶等经济作物为主要种植品种。长江沿岸流域广大地区主要以水稻、油菜、棉花为主要农作物品种。长江以南的广大皖南山区，以茶叶、水稻为主要农作物。这几个区域也是经常受到自然灾害的侵袭，造成了巨大的财产损失。

安徽省内经济发展水平尚不发达，农民群体收入有限。加之许多农民对种植业保险缺乏了解，导致安徽省种植业保险的实际需求并不高。

首先，从省内经济发展角度分析。近三十年来，安徽省总体经济水平有了较大的发展，但是经济发展总水平在全国的表现并不突出。2012 年至 2016 年以来，安徽省生产总值在全国 31 个省自治区直辖市中位列 14 至 13 名，同东部发达地区有较大差距①。省内经济水平的发展也间接影响到了农民的总体收入。从绝对收入方面看，2016 年安徽

① 资料来源：安徽省统计局网站 http://www.ahtjj.gov.cn/。

省农村居民人均收入为15514.88元，而城镇居民收入达到32177.5元，农村人均收入仅为城市人均收入的一半。从增长速度方面分析，2010年以来安徽省农民居民人均收入有逐步放缓的趋势。从2010年至2012年年均18%左右的增速逐渐降低至近年10%左右的增速[①]。然而农业保险产品的费用则一直偏高，一般农作物一切险的保险费率都在2%至15%，高出普通财产保险产品10倍左右。较高的购买成本，阻碍了农户对种植业保险的需求和购买欲望[②]。

其次，从农民自身角度分析。农民由于对农业保险的认知程度较为浅显，一些农民根本不了解农业保险的原理，将其视为政府的一种税收而非分散风险的金融手段。加之在实际理赔中农民由于话语权较弱，更加削弱了农民参与的积极性。这些原因导致安徽农民对于农业保险的参与程度较低，2012—2016年安徽省农业保险密度如图5-7所示。

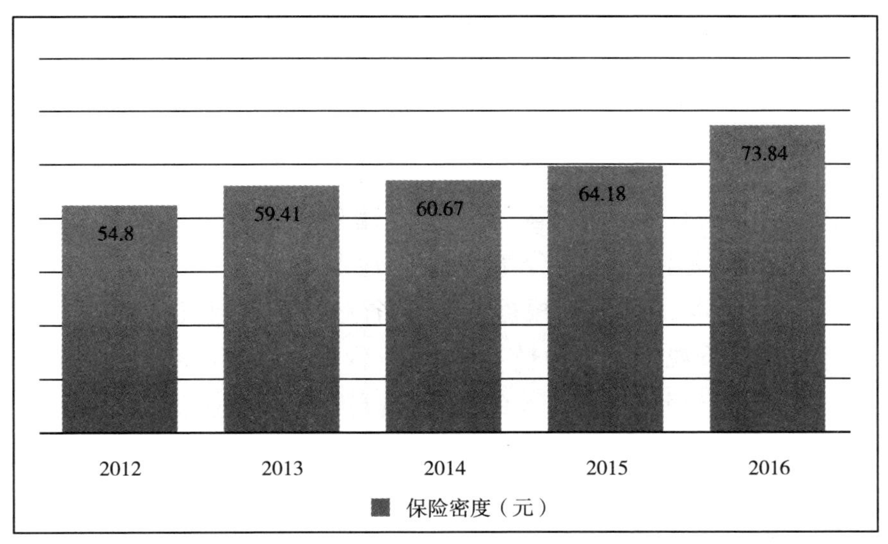

图5-7　2012—2016年安徽省农业保险密度

资料来源：安徽省统计局网站

从图5-7可以看出，近年来安徽省农业保险的平均密度仅为60

① 资料来源：安徽省统计局网站 http://www.ahtjj.gov.cn/。

② 庹国柱，王国军．中国农业保险与农村社会保障制度研究［M］．北京：首都经济贸易大学出版社，2002：77.

元左右。以2016年为例，该年安徽省保险密度达到1414.09元，农业保险仅占其总体的5.22%。

2. 安徽省种植业保险的供给问题

总体来说，安徽省种植业保险的供给问题主要集中在经营风险大、查勘定损难、赔付率高等方面。这不仅造成了安徽省种植业保险业务规模不大，也在一定程度上抑制了种植业保险的供给。

在经营规模方面，信息机制不完善，增加了基层农业保险机构的经营成本和业务展开的效率。目前安徽省内的种植业保险业务主要是由人民财产保险公司和国元农业保险公司所经营承办，不仅落后于上海等发达地区，也落后于全国平均水平，与安徽省农业大省地位极不相称。在对农户补助保费方面，对专业农业保险公司实行经营补贴或税收优惠方面的补贴力度不足；在立法方面，中央层面仅有《农业保险条例》等法律系文件，地方性法规对该领域涉及的并不多，农业保险业务的开展并没有一个完备体系提供保障。

在赔付率方面，受农业巨灾机制不完善等原因的影响。安徽省农业保险的赔付率一直高于保险业整体赔付率，某些年份甚至超过了国际上认为的70%这一农业保险经营稳定赔付率的警戒线。在费用率方面，由于农业保险业务主要分散在农村地区，管理、交通等相关成本拉高了其经营成本。此外，根据《安徽省政策性农业保险资金管理暂行办法》[①] 第六条规定，“种植业保险经营费用（不含分保业务支出）原则上不得超过当年保费收入的15%”。因此，农业保险公司只能提取不高于保费收入的15%作为费用补贴和超额风险补偿，又要负担3倍以内赔付风险，这给农业保险造成了巨大的经营压力。加之目前国内农业巨灾风险机制并不完善，这无疑使得农险经营雪上加霜。

（二）从福利经济学角度分析

福利经济学家认为，种植业保险的福利功效主要表现在促进农业产业化、保障农民稳定增收等方面。农业产业化客观上也加大了风险的集中和扩大。这导致了种植业保险的风险相关性加大，对农业保险

---

① 资料来源：农险办〔2008〕11号。

的巨灾分担机制提出了更高的要求。下文将运用福利经济学的相关理论对这些问题进行进一步阐释。

1. 风险相关性增大

农业现代化发展造就了农业产业化，农业产业化要求农业生产的规模更大、集约程度越高，这也增强了农业风险相关性。尤其是安徽地处江淮流域，旱涝灾害具有比较高的空间相关性，表现为临近地区内，旱涝灾害具有相似性与扩散性①。农民一旦遭遇重大自然灾害会导致惨重的损失。

2. 加强巨灾风险机制

农业巨灾风险对农户福利的影响主要体现在两个维度。一是农业巨灾影响农产品的供给与需求，通过价格传导进而影响农户的福利，这需要将对经济损失的评估转变成对福利变化的衡量。二是农业巨灾影响农户的收入水平，这需要农业巨灾保险给予经济补偿，使得农户灾后达到和灾前相同的效用。可见，巨灾保险给予农户的补偿数额和农户经济损失在数额上并不一致。这在农业巨灾保险设计上是一个需要重视的点。

综上所述，在农业巨灾保险的机制建设中，不仅需要关注顶层设计方面的制度构建，还应该从福利经济学的效用角度理性分析农户应当得到的补偿额度。防止因巨灾风险机制的不科学而诱发的道德风险。

四、安徽农村惠农种植保险的政策建议

（一）创新机制，共担种植业保险经营风险

1. 改革种植业保险成本分摊机制

在种植业保险成本分担机制上，可以将经营成本分成两块。第一块是种植保险的销售推广成本，第二块是种植保险在理赔上的行政开销。第一块的成本包含种植保险的宣传费用和农业保险公司基层网点建设的费用。上文提到种植业保险基层经营信息不完备的问题，这一

① 叶明华．农民对种植业保险缺乏了解农业气象灾害的空间集聚与政策性农业保险的风险分散[J]．财贸研究，2016，(04)：32－41.

块需要公司给予推广成本一定程度上的倾斜。农业保险的普及对于国家规避农业风险、减少贫困人口有积极作用。农业保险在推广种植业保险的同时，不仅增加了公司的业务量，还提高了农户对于农业保险的认知程度，存在着额外的效用。因此，此处的经营支出，可以让政府和保险公司共同分担。

上文提到由于种植业保险勘察定损的难度较大，此处成本的处理可以借鉴美国等农业保险较为发达成熟国家的经验，对种植业保险进行专项成本补贴。根据保险精算原理，经营成本等相关支出应当包括在毛费率之内，不然保险公司可能会遭受一定的损失。

2. 改革种植业保险风险分摊机制

在种植业保险风险分担机制方面。应自上而下建立激励机制，使得激励政策环环相扣容易实行，使中央与地方、省级与县级部门机构的利益一致。上文提到，种植业保险有较强的风险相关性，对于自然灾害风险发生率较高的地区，上级政府在给予基层政府相关补贴的同时，对种植业保险的经营机构也应当给予一定的经济支持。不仅如此，还应当建立完善的巨灾风险分散机制。譬如目前国内一些省份开展了“共保”的新模式，保险公司和基层政府实现了风险和利益共担共享的模式，降低了政企之间的沟通支出，也便于形成合力，促进长远发展。

3. 鼓励更多合规经营者参加种植业保险业务

安徽作为中部农业大省，省内经营农业保险的公司仅国元农业保险和人保财险两家。广阔的农业市场缺乏足够数量的参与者，造成各公司勘察定损的难度和成本的增加。因此，应当鼓励更多有资质的财险公司参与安徽省种植业保险的竞争。以同为农业大省的邻省江西为例，该省的政策性种植业保险业务由人保财险、国寿财险、大地财险和太保财险等共同经营，市场总体活跃度好于安徽。安徽省可以以此为借鉴，鼓励更多有资质的经营者参与分享省内种植业保险这块“蛋糕”，在一定程度上降低各公司的经营赔付风险。

（二）创新精算设计和展业方式，提高经营效率

1. 创新精算设计

保险费率应当真实地反映风险转移的成本，在科学地厘定保险费

率之外，还应当重视产品的设计，譬如通过改进保险责任和保险金额，增加产品的多样性和吸引力。通过实地调研，设计创新出更多的种植业保险产品，在保障种植业保险可持续性的前提下，用有限的财政资金做出最大程度的风险分担。同时，也应当吸收国外农业金融的成果，推出适合安徽省实际情况的农产品期货保险产品。农产品价格期货保险利用期货市场价格风险功能和风险对冲机制，开发新型产品。目前在国内，中国人民财产保险公司和大连市保监局，曾在大连商品交易所推出农产品价格期货保险。首先，农业保险经营者根据农作物历史价格波动情况、投保时间段等要素。同时根据场外看跌期权为参考，确定控制价格范围内及其相对应的保险费率。同时，保险公司为了防止突发灾害对农产品产量价格造成的影响，可通过购买场外看跌期权产品进行再保险以对冲风险。在合同到期时，根据实际的市场价格选择如何利用场外期权从期权市场摊回损失。

2. 创新展业方式

在展业方式，可以利用现有的基层力量，将基层工作人员纳入种植业保险的基层运转中。解决省内种植业保险由于信息不完备造成经营成本较高的问题。但要十分重视对这些乡镇基层人员的专业技能培训，在定损等实务中可以选择随机人员安排，避免出现乡镇基层干部在本村工作的情况，防止出现利用职务包庇等影响种植业保险运行效率的现象。通过基层干部的宣传，在通过宣传提高农民对农业保险认知度的同时，提高农业保险经营的效率，利用基层干部了解本地情况的优势，减少投保过程中存在的一些欺诈、舞弊行为。

（三）建立健全巨灾风险分摊机制

针对上文提到的种植业保险巨灾机制不完善的问题，在建立种植业保险的巨灾分散机制时，应当注意两个维度的问题。一是再保险制度的完善，二是对再保险之后超额责任的安排。

1. 完善再保险制度

针对再保险制度的完善，可以借鉴农业保险较为发达的国家的相关经验。由中央政府成立政策性农业再保险公司，为行业内所有直接保险人提供一定价格区间内的再保险。这一制度的长远发展首先需要政府的财政支持，一旦有了政府的财政支持，可以使再保险的保费中的利润部分在一定程度上降低[①]。不仅如此，还应当尊重直保公司拥有自由选择的权利，可以选择政策性再保险公司也可以选择其他商业性再保险公司，使得农业保险再保险市场的活力得到充分释放。最后，在建设政策性再保险公司的同时，可以考虑让一些直保公司加入。目前，国内已经成立了“农共体”（中国农业保险再保险共同体），可以在此基础上建立一个规范、完善的政策性农业再保险机构。

2. 完善超额责任安排

针对再保险的超赔责任。一方面需要有一个稳定的超赔融资渠道。这一渠道可以是确定的、可以提供贷款的政策性银行，也可以通过增发债券等方式来进行融资。另一方面通过建立有实质性意义巨灾风险准备基金。

（四）增强农户对种植业保险的了解与认可

由于农户的受教育程度普遍不高，一般比较相信政府为主体的相关政策宣传。因此，政府和农业保险公司两者应联合其他，共同宣传种植业保险的相关政策。宣传方式可以选择制作图文并茂、通俗易懂的宣传手册，也可以使用电视媒体进行宣传，使得农户更加方便接收信息。

1. 提高农民的认知度

提高农户对种植保险的认知度，当务之急是树立种植保险在农民心中的可信度。因此，种植保险的相关基层工作就显得尤为重要。对于种植业保险的基层工作，首先要责任落实到位。各乡镇可以挑选合适人才分管农业保险工作。要及时协调解决展业过程中存在的困难和问题。保险公司作为责任主体，要主动做好汇报、沟通，确保工作平稳推进。其次服务网络到位。农业保险公司要抓紧建立和完善政策性农业保险基层服务网络，特别是要建立健全乡、村两级基层服务体系。还要做到宣传发动到位。要充分利用报纸、网络、电视等多种媒介，采取多种形式，不断提高农民对中原农业保险的认知度、认同度，激

① 庹国柱．打造农险 2.0 版本需要突破的几个瓶颈问题［N］．中国保险报，2017－05－9.

发农户参保的主动性、积极性。最后要规范运作到位。严格管理理赔程序，规范定损和理赔的相关环节，使得投保农户切实感受到农业保险的益处。

2. 提高农民的话语权

在核定受灾情况时，理赔人员应当更多地倾听农民的声音。比如，通过提高农户代表的地位和数量、聘用当地农民作为辅助理赔人员等方式。真正做好农民群体代言人的角色，提高村民的话语权，监督并保证查勘定损的公平性，保障村民的合法权益。

第三节 安徽惠农养殖业保险发展分析

惠农养殖业保险是针对农民养殖动物所遇到相关风险进行补偿的政策性保险险种。安徽省由于其独特的人文地理环境，全省主要以猪、羊、肉鸡等为主。沿江沿河地区以鱼虾蟹等特色养殖为主。2016 年，安徽省牧渔业产值达到 1888.83 亿元，占当年全省国民生产总值的 7.8%[①]。因此，惠农养殖业保险对于全省经济的稳定和发展是有一定程度的重要影响作用。本节将从近年来主要补贴险种、补贴程度等方面来阐述省内惠农养殖保险的发展成就。结合安徽省的发展实际，指出养殖保险组织形式单一、保障范围和水平较低的问题。并运用福利经济学理论对目前存在的问题进行分析，提出相应的政策建议。

一、安徽惠农养殖业保险的发展成就

养殖业保险是农民为分散养殖业可能面临的相关风险所投保的保险险种，此类风险一般是指自然灾害或者疾病造成动物死亡，造成养殖户经济损失的情况。通常养殖业保险分为畜禽养殖保险和水产养殖保险两种。

自 2008 年中央颁布《中央财政养殖业保险保费补贴管理办法》以

---

① 资料来源：安徽省统计局 http：//www.ahtjj.gov.cn/。

来，安徽省农业养殖的发展得到了很大的提升。这不仅改变了安徽省养殖业的总体面貌，也改变着养殖业的格局。养殖业在安徽省发展有着得天独厚的条件。改革开放以来，安徽省市场经济不断发展，抓住了时机进一步发展省内的畜牧养殖业。目前，安徽省畜牧养殖业的总量保持着稳步增长的态势。以肉猪和家禽产量为例，2010—2016 年安徽省肉猪家禽养殖情况如图 5-8 所示。

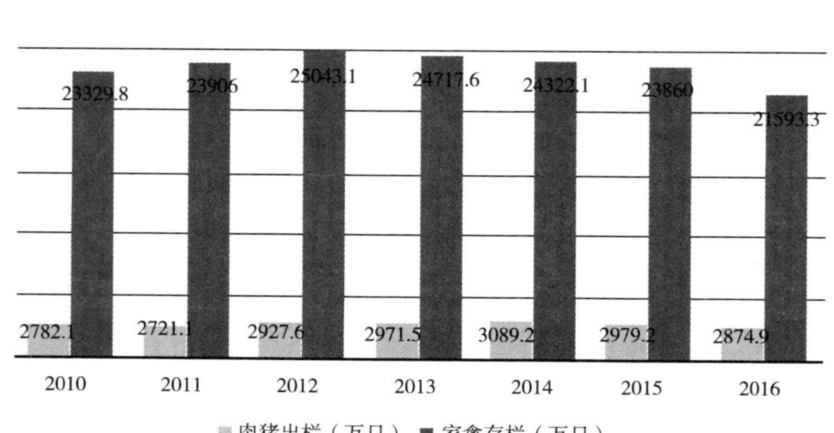

图 5-8 2010—2016 年安徽省肉猪家禽养殖情况

数据来源：安徽省统计局网站。

如今，安徽省养殖业保险的保费补贴坚持以政府为导向，重视市场的条件运作力量，同时还要确保农户自愿参保和相关惠农金融政策及时到位。其中，以政府为导向要求充分发挥政府在财政补贴方面的作用。市场运作是指要以市场为导向，经营养殖业保险的保险公司必须具有市场的眼光，同时还应当注意经营风险的化解和分散。自主自愿是指农户、养殖企业、地方政府部门等有关各方都秉承自主自愿的原则。在中央政府建立的大框架之下，制定符合本地经济实际的相关政策。协同推进是指保费补贴政策要同农业信贷等惠农政策呼应配合，发挥财政政策的综合效应。

安徽省养殖业保险补贴险种的保险标的主要是以保险标的为饲养量大，对保障人民生活、增加农户收入具有重要意义的养殖业品种。

当前，安徽省政策性养殖业保险财政补贴见表 5-8 所列：

表 5-8　安徽省政策性养殖业保险财政补贴

	内容
灾害种类	1. 重大病害：①能繁母猪：猪丹毒、猪肺疫、猪水泡病、猪链球菌、猪乙型脑炎、附红细胞体病、伪狂犬病、猪细小病毒、猪传染性萎缩性鼻炎、猪支原体肺炎、旋毛虫病、猪囊尾蚴病、猪副伤寒、猪圆环病毒病、猪传染性胃肠炎、猪魏氏梭菌病、口蹄疫、猪瘟、高致病性蓝耳病及其强制免疫副反应；②奶牛：口蹄疫、布鲁氏菌病、牛结核病、牛焦虫病、炭疽、伪狂犬病、副结核病、牛传染性鼻气管炎、牛出血性败血病、日本血吸虫病。 2. 自然灾害：暴雨、洪水（政府行蓄洪除外）、风灾、雷击、地震、冰雹、冻灾。 3. 意外事故：泥石流、山体滑坡、火灾、爆炸、建筑物倒塌、空中运行物体坠落
补贴标准	1. 能繁母猪保险，财政部补贴 50%的保费； 2. 奶牛保险，财政部补贴 30%的保费； 3. 其余保费由农户承担，或者由农户与养殖企业、地方财政部门等共同承担

资料来源：《中央财政养殖业保险保费补贴管理办法》财金〔2008〕27 号。

目前，省级及省以下财政对养殖业保险至少要给予 30%以上的补贴，在此基础之上，中央财政对安徽等中西部省份给予 50%的补贴。以政策性奶牛保险为例，国家会为每只奶牛提供 60%的保费补贴。目前政策性的奶牛保险费率为 8%，一头奶牛的最高保险金额为 6000 元，每年保费需缴 480 元，各级政府承担保费的 30%，这意味着农民仅要为每头奶牛投保 192 元，一旦发生约定的保险事故，最高可获赔 6000 元。再以能繁母猪保险为例，财政对安徽省能繁母猪保险给予每头 50 元的补贴。根据国元农业保险安徽分公司的数据，在各级政府补贴后农民实际缴纳 12 元/头。在保险期间内获得每头 1000 元的保险保障[①]。

二、安徽惠农养殖业保险的现存问题与不足

（一）养殖业保险的经营成本较高

1. 费率计算难度较大

在费率计算方面，由于安徽省地域较为广阔，涉及皖北平原、江

① 资料来源：国元农业保险网站 http://www.gynybx.com.cn/。

淮平原、长江中下游平原和皖南山区地带。不同地区的农业风险等级相差数十倍，但是在费率上并没有明显的差异。同种植业保险标的固定性不同，许多养殖业保险的标的具有一定的流动性。以能繁母猪养殖保险为例，安徽省某些地区的养猪业对地理环境的依赖性较小，机动性较大，对于一些风险可以通过一些途径规避。省内一些自然灾害多发地区，则难以规避。因此，风险度比较高的地区养殖户的投保诉求常常难以得到满足，同时也引申了许多道德风险和逆向选择问题。个别养殖户在购买保险时，故意给不符合投保条件的母猪投保，随后再人为制造保险事故，并要求保险公司理赔，使得能繁母猪的实际死亡率上升，远远大于费率厘定时的水平，增加了保险公司的经营风险①。目前，有关各方已经注意到这一问题。国家目前正在探索精确到各省的农业生产风险的分级。

2. 整体赔付率较高

由于养殖业保险的风险事故常常是范围性动物疾病、瘟疫和区域性自然灾害等，投保标的往往受灾时间具有同一性的特点。这要求农业养殖保险的经营人在短时间内将投保农户的损失核定。一旦出现保险事故，承保数量较大、分布较为分散，加之省内农业保险公司的基层机构人员数量本就不十分充足，这给定损工作带来了一定难度。

根据 2016 年安徽省的统计数据，可以看出 2016 年安徽省保险业的保费收入为 876.1 亿元，保险业赔付为 357.5 亿元，赔付率为 40.8%，农业保险保费收入为 22 亿元，农业保险赔付为 26.1 亿元，赔付率高达 118.7%。更加值得关注的是农业保险收入仅占保险业总收入的 2.5%，但是农业保险的赔付却占保险业总赔付的 7.3%。所有这些都表明，农业保险赔付率远远高于保险行业的平均赔付率。可见同其他保险险种相比，农业保险的整体风险要大很多。

① 资料来源：搜狐财经 http：//business. sohu. com/。

表 5-9　2016 年安徽省生产总值、保险统计

生产总值（亿元）	24117.9	占全国生产总值百分比	3.2%		
保险业保费收入（亿元）	876.1	保险业赔付（亿元）	357.5	赔付率	40.8%
农业保险保费收入（亿元）	22	农业保险赔付（亿元）	26.1	赔付率	118.7%
农业保险保费收入占农业保险保费总收入的比重	2.5%	农业保险赔付占保险业总赔付的比重	7.3%		

数据来源：《安徽统计年鉴 2016》整理计算。

3. 组织方式较为单一

保险就组织方式而言，可以分为商业保险、政策性保险、相互保险公司、保险合作社等。商业保险中保险人是以营利为目的。政策保险通常是为了配合政府某一政策目的，由政府和商业保险公司联合举办的保险种类。互保险是指由社会上需要保险的人或单位联合起来采取相互合作方式办理保险。相互保险是指由一定数量的对同种风险有分散需求的人共同成立的组织，组织内的成员通过互相帮助，并以“共享收益，共摊风险”为原则。保险合作社是以农民自我保障为主的互助组织。通过成员内部的互助，铸就风险保障的安全网。相互保险组织内的成员选出合作社委员会作为决策机构，保费由预期损失和经营支出共同组成。

安徽省养殖保险主要以商业保险和政策保险这两种方式为主。惠农养殖保险的组织方式的单一化，会导致市场上需求的养殖保险产品供应不足。2015 年，保监会颁布了《相互保险监管试行办法》[①]，相互保险在此引起社会公众的关注。在此之前，国内就已有一些和农业相关的相互保险机构。以黑龙江垦区的阳光农业相互保险公司为例[②]。该公司是国内第一家有相互保险性质的保险公司，以“自投自保”为原则，在一定程度上避免了农户和公司之间在理赔方面引发的问题。降

① 资料来源：保监发〔2015〕11 号。

② 资料来源：阳光农业相互保险公司网站 http：//www.samic.com.cn/。

低运行成本。同时，由于具有互保性质，成员之间面临共同风险且在利益上具有一定相关度，产生道德风险的可能性也有所降低。数据显示，阳光相互保险共支付农业保险赔款二十亿元以上，使接近百万户投保农民得到保险赔付，占参保农户的一半以上，为黑龙江垦区建设做出一定贡献。

（二）养殖业保险政策支持力度有待加强

1. 财政补贴范围较为狭窄

同东部经济发达地区相比，安徽省养殖业保险的覆盖相对比较狭窄。目前安徽省纳入政策性农业保险的养殖保险种类有能繁母猪和奶牛。但是水产养鱼、养虾、养蟹、野兔等具有安徽省地方特色的养殖种类并未纳入政策性农业保险保障范围之内。以2016年为例，当年安徽省除能繁母猪和奶牛以外，还有以下主要养殖品种并未被政策性养殖保险覆盖。

表5-10 2016年安徽省部分养殖品种数量

养殖品种	牛	马	驴	骡	鱼类	虾蟹类	贝类
数量（万头/万吨）	167.9	881	2094	396	186.17	34.98	9.71

资料来源：安徽省统计局网站。

而这些未纳入政策性保障范围之内的养殖品种，在省内一些地区的养殖产业中具有重要作用，与当地人民群众的生活质量密切相关。尽管以国元农业保险公司和人保财险公司在淡水养殖等方面提供了商业保险的风险屏障，但是缺乏政策性的财政支持，还是难以满足养殖农户真正的所需所求。最后，是在承保风险方面。目前安徽省养殖业的可保风险主要集中在养殖动物的疾病灾害、气象灾害诸如暴雨、洪水等自然灾害和火灾、建筑物倒塌、空中运行物体坠落等意外事故。难以满足如今市场经济条件下，农业生产经营活动所面临的不断增多的风险。

2. 政府监管政策存在问题

首先，针对政府的监管方向分析。目前政府对养殖业保险的监管更多侧重于经营行为。近年来，为落实《农业保险条例》，国家颁布了一些农业保险相关的法律文件。2013 年中国保险监督管理委员会颁布了《中国保监会关于进一步加强农业保险业务监管规范农业保险市场秩序的紧急通知》[①]，该通知主要侧重于业务监管和市场规范操作方面所涉及的相关问题。2015 年颁布的《农业保险承保理赔管理暂行办法》[②]，更多也是侧重投保、承保、定损和理赔等方面的问题作出要求。但是在养殖业保险经营组织的偿付能力方面的相关监管则非常不足。偿付能力不足会降低社会各界对养殖业保险经营机构的信任，对整个行业造成不良的影响。

其次，针对监管体制进行分析。对于包含种植业保险在内的农业保险的监管主体，2016 年最新修正的《农业保险条例》[③] 第 4 条规定为“保监会为农业保险监管的主要职责部门，财政、农业、林业等部门依照各自职责负责农业保险推进、管理相关工作”。然而对于“相关工作”的具体内涵并无明确说明。不仅如此，《农业保险条例》仅授权省级及以下政府行政责任，并未赋予其监管责任，这也造成了实际监管体制中的混乱。

（三）各方利益不一致引发道德风险

1. 养殖业保险涉及利益相关者复杂

养殖业保险涉及的利益主体有政府、保险公司和养殖户。各方在利益目标和职责方面有所区别，甚至同一利益主体内部的不同层级的决策者在决策目标上也有细微差异。从政府角度，中央政府的出发点是保障国家养殖业的平稳有序发展，省级政府主要配合中央政府的政策，提供配套财政支持，基层政府则更多考虑当地经济建设的发展；从保险公司角度，总公司和省级公司更多是从长期利润最大化的角度考虑，并期待通过农业保险为契机占领农村其他保险市场，基层公司则更多从短期利益最大化角度考虑；从养殖户角度分析，养殖户更希望在支付较低保费的同时，得到较高的赔付。

---

① 资料来源：保监发〔2013〕68 号。

② 资料来源：保监发〔2015〕31 号。

③ 资料来源：根据 2016 年 2 月 6 日国务院令第 666 号《国务院关于修改部分行政法规的决定》修正。

2. 各方利益不一致引发的问题

首先在政府层面，级别越高的政府越关注养殖业保险的长期发展，基层政府对此关注相对不足，使得基层政府的主观能动性不强，造成政策的执行力有所下降。其次保险公司层面，级别越高的公司更加注重长期利益，基层公司更加重视短期获利性。这造成在业务开展、执行方向上有所偏差。一旦基层保险公司发现经营养殖业保险的成本较高，可能会设法压缩相关业务。最后从农民角度，农民为获得利益，可能会通过虚报养殖牲畜的数量等方式，蓄意骗保。相关主题的利益关系问题可通过图 5－9 展现。

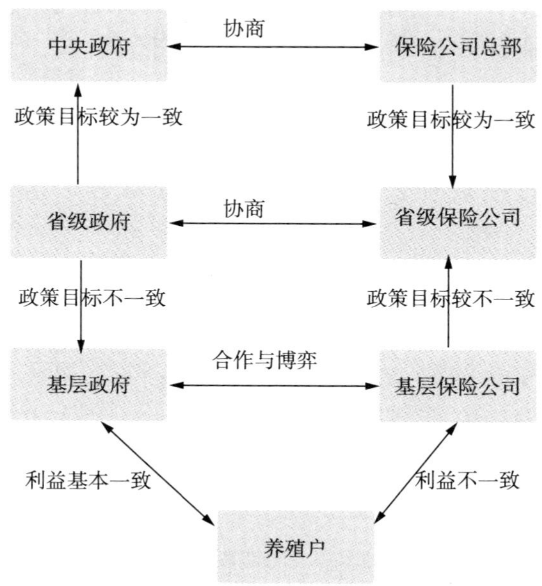

图 5－9　各方利益关系图

三、制约安徽惠农养殖业保险发展因素的经济学分析

福利经济学认为，农业保险的福利效益体现在为促进农业生产、稳定保护农民收入等方面。通过这些有利于实现国民收入总量的增加或国民收入的公平化。通过上文对安徽省惠农养殖业保险发展问题的阐释，可以看出制约省内养殖业保险发展的问题主要集中在政策支持

力度不够、经营风险成本大和道德风险方面。其中，政策支持力度的问题同准公共物品正外部性有关，经营风险与道德风险又可以运用准公共物品的特殊性来分析。

国内学术界针对农业保险中养殖业保险的福利经济学分析一般集中在政策性养殖业保险的性质方面及其能为国家、农民带来哪些福利。李军认为农业保险的社会效益高于自身经济效益，同时还带有排他性的色彩，同时带有社会性和排他性说明农业保险有准公共物品的性质[①]。冯文丽运用福利经济学理论进行分析得出，农业保险保障了农业生产的顺利进行，使得全社会享受到了农业稳定带来的社会福利。说明农业保险是具有正外部性的准公共物品[②]。

（一）安徽惠农养殖业保险的正外部性分析

上文提到省内养殖业保险在财政补贴等政策支持力度方面同外部性密切相关。所谓外部性，是指一个经济主体对另一个经济主体的利益所产生的效应。外部性是有正负之分的。正外部性是指由于利益的外溢，使得社会产生了经济利益[③]。可见农业保险具有外部性，并且是正外部性。由于农业保险不同于完全的私人物品，具有不完全的排他性，市场机制并不能有效地对其进行资源配置。一旦政府不运用手段进行调节，视其为私人物品，会使得正外部性降低供给和需求的效率。在需求方面，农民的边际私人收益小于全社会的边际收益，使得养殖户的需求量小于全社会需求量的理论值；在供给方面，经营政策性惠农保险的保险公司的边际社会成本小于边际私人成本，这会导致保险公司出于盈利的考虑，不愿经营相关保险业务，导致供给量的不足[④]。因此，政府必须选择有所作为。比如在财政上拓宽养殖业保险的补贴范围，提高补贴比例，增加养殖保险的实际需求量和供给量。

纵观安徽省农业保险近年的赔付率，一直高于保险全行业赔付率

---

① 李军．农业保险的性质、立法原则及发展思路［J］．中国农村经济，1996，（1）：55－59.

② 冯文丽．我国农业保险市场失灵与制度供给［J］．金融研究，2004，（4）：124－129.

③ 高鸿业．西方经济学（微观部分）［M］．北京：中国人民大学出版社，2011：334－339.

④ 周建波．农业保险市场中政府责任定位的经济学分析［J］．农业经济问题，2010，（12）：65－69.

的平均值，2016年甚至为118%[①]。而国际上农业保险的经营平衡点一般在70%左右，过高的赔付率增加了农业保险的经营风险，使得安徽省农业保险长年在亏损线边缘徘徊，使得大多数商业保险公司不承办农险业务或提高保险弥补亏空。从政策风险方面考虑，目前养殖业保险在安徽省发展的时期不长，一些经办养殖保险业务的公司的业务经营常常要迎合上级的想法，否则会对政策的持续性产生不良影响。不仅如此，补贴政策时间上的不确定同样会增加农业保险经营的难度。养殖业保险因为经营成本较高，会挫伤一些保险公司的经营积极性。随着科学技术的不断发展，安徽省养殖业所面临的各种风险因素也是在不断变化的，但是相关政策的修缮常常没有跟上市场经济的实际变化。比如能繁母猪保险出台的初衷是为了抑制因肉猪存栏量不足而造成的猪肉价格的上涨。但是随着市场供求的调控，肉猪养殖的利润下降，部分养殖户认为能繁母猪的保险政策应当扩大范围，比如对生猪养殖给予一定保险补贴，可是相关政策并未及时出台。

（二）安徽惠农养殖业保险特殊性的分析

除了正外部性，惠农养殖保险承保的特殊性同样也制约了其经营效率。养殖业保险在费率确定、监管政策方面具有一定特殊性。

首先，从客观存在的经营障碍上分析。农业保险风险不同于普通财产保险，对一些专业技术的要求较高，即使保险公司要投入大量的成本，也不能保证可以达到预期效果，在理赔环节时常有定损困难的情况出现。上文提到养殖业标的的风险程度随着环境的变化而变化，给费率计算提出了一些要求。一旦有疫情风险出现，譬如口蹄疫、疯牛病等，必须大面积捕杀相关养殖动物，使农业保险公司的赔付支出显著增加。其次，在养殖业保险的监管方面。首先在养殖保险基础管理方式方面，经办养殖业保险的农业保险公司在基层的网点布置并不全面，并且目前行业内对于农业保险公司开展业务的程序化问题上，尚无统一标准。再次，在监管方向，对于惠农养殖业保险经营机构的偿付能力监管力度尚显不足，这给惠农养殖

① 资料来源：安徽省统计局网站 http：//www.ahtjj.gov.cn/。

业保险的长远发展造成了隐患。最后，在监管主体上。对于除安徽保监局外其他政府部门的监管责任和边界不明晰，缺乏一个统一的农业保险业务监管调度机构。

最后在道德风险方面，被保险人等利益方为个人的好处而造成他人利益受损的风险，最终引发了更大的损失。道德这对于保险公司来说是极为不利的，尤其是一直赔付率居高不下的农业保险公司。在养殖业保险承保过程中，一些畜牧部门为了获得政府的保险补贴，虚报养殖数量，使得保险公司保费增加。在养殖保险理赔过程，一些别有用心的农户虚报养殖牲畜的数量，蓄意骗保。甚至出现农业保险公司基层员工伙同农户共同骗保的情况。农业保险公司的监管存在问题，导致财务体系的不健全，出现虚假赔款冲抵应收保费的问题。在管理费用不足的情况下，公司甚至铤而走险以虚假赔案列支手续费。

四、安徽惠农养殖业保险的政策建议

（一）改进经营方式，降低经营成本

1. 创新完善费率计算方式

针对上文提到的因不同地理环境造成风险程度不一，使得费率计算难度加大。首先，针对省内不同地区不同的风险等级。省内科研机构和高校可以协同合作，编制出相应的数据图表，实现风险和费率区分上的突破。其次，加强对于养殖业保险数据的收集。在欧美等农业保险发展水平较高的国家，保险的费率是由赔偿率所确定。通过历史产量为基础，以低于承保产量发生的概率来确定产量损失风险[①]。因此，为例保证费率计算的科学性，应当注重安徽省内历年养殖业保险数据的收集。

2. 加强业务的科学性，降低赔付率

一直以来，安徽省农业保险的理赔率相比其他保险种类都保持着较高的理赔率，甚至在 2016 年理赔率超过了 100%。理赔率的合理降

① 姜会飞．农业保险费率和保费的计算方法研究［J］．中国农业大学学报，2009，14（6）：109－117.

低应当从加强灾害预防和规范理赔程序这两个方面考虑。

在灾害预防方面。应当在有引发养殖牲畜群发性疾病、瘟疫之时，积极开展动物疾病预防、治疗工作。比如为存在感染患病风险的动物注射疫苗、进行药物治疗；扑杀已经患病的牲畜防止疫情扩大波及其他健康牲畜等。农业保险公司可以给予养殖户适当的补贴，以调动灾害自救的积极性。

在理赔过程方面。应当遵循“重灾多赔、轻灾少赔或不赔”的原则。建立完善理赔标准的各项细节，加强养殖业保险赔偿的制度化，让理赔有章可循，坚决打击一些基层干部和投保养殖户虚报损失的不良现象。法国安盟农险在中国国内开展业务时，都是按照一定要求从本地农村挑选业务员。这些土生土长的农民不仅天生自带贴近群众的优势，关键是对当地的养殖业情况有着一定的了解，方便工作的展开，降低了管理成本。因此，安徽省内的养殖保险经营者可以借鉴这一做法，在当地农村招聘熟悉当地情况的、有一定组织能力的农民为养殖保险业务员。

3. 丰富养殖业保险的组织方式

省内养殖业保险的组织方式不应拘泥于普通商业保险和政策性保险，可以学习其他省份开展农业相互保险的经验，在省内组织成立农业相互保险公司。在组建农业互助保险公司，还应当十分注意处理目前农业互助公司所面临的一些问题。比如在财政补贴方面，互助制保险公司和普通公司制保险公司相比并无明显优势；在相互保险功能方面，能与国外相比还有很大差距，比如阳光农险对于参保人的无灾返利尚未实现，且参保人查勘定损的话语权仍不够大，影响投保积极性；在巨灾风险保障方面，该地区目前所能提供的再保险机制为应付赔120%至200%。一旦超过这一限定，将影响整体的赔付能力。因此，安徽省在发展相互制农业保险时，应当相应解决这类问题，给相互制保险的发展提供良好的经济政策环境。

（二）提高养殖业保险的政策支持力度

1. 提高政策补贴力度及范围

首先，在制定省内补贴标准时，应提前实地深入农村调查，了解当地的特色产业。逐步将具有安徽地方特色的养殖品种，譬如水产养殖鱼、虾、蟹、家禽养殖和一些野物养殖等纳入政策性农业养殖保险的保障范畴。并根据安徽省的农业发展实际，设立不同档次的农业养殖保险品种。在《农业保险条例》中指出“各地区可确定适合本地区实际的农业保险模式”。安徽省也应该根据省内不同地区的经济实际，针对不同档次、品质的养殖牲畜，设立高档、中档、低档等层级的保险产品，满足不同养殖户不同的保险需求。

2. 提高监管政策的精确度

首先，要完善养殖业保险的监管方向。在惠农养殖业保险发展的初期阶段，保险经营行为的监管固然重要。但随着养殖业保险的深入发展，更应将监管重心转移至偿付能力方面。尤其应当重视资本金、经营所需的各项保障金与投资基金是否充足，同时还应对保险公司投资基金的安全性进行严密监控。对于经营惠农养殖业保险的保险公司来说，应当选择比其他种类保险公司更为稳健的投资方式，避免保险基金有较大的风险。

其次，在监管体制上，应当在细化相关法律的前提下，明确各监管主体的责任。通过立法形式明确规定保监会及各保监局的监管责任、各级财政部门等其他政府部门的监管责任。由于农业保险的经营管理有其特殊性，涉及诸多政府部门的权利范围，单凭保监会一己之力难以解决监管问题①。可以考虑借鉴美国成立美国农业风险管理局（RMA）的经验，在国内成立类似机构，专管农业保险等相关业务。

（三）调节各方利益，减小道德风险

1. 合理设计多方风险共担机制

首先，应调节上级政府和基层政府、上级保险公司和基层保险公司目标政策不一致的情况。对于一些经济发展水平较为落后的县市，中央和省级财政应当适当提高补贴程度，减少基层政府的经济负担。上级保险公司应给予基层公司更多专业培训，让基层公司的业务执行

① 何文强．美国农业保险监管的法制化及其对我国的启示［J］．甘肃社会科学，2008（06）：112－116.

者理解上层的经营规划，重视公司长期的利润最大化。同时，给予保险公司相应的费用补贴，使得保险公司能够在基层顺利地开展工作。

2. 提高农民的参与程度

利用农民对当地环境和养殖业情况较为了解的优势，让一些综合素质较好的农民加入惠农养殖业保险的展业和理赔工作，使之成为保险公司基层分支机构与农民之间的纽带。一是当地农民“主场作战”宣传保险，可以更加高效地提高农民的投保意识；二是农民熟悉当地的情况和社会矛盾，可以在一定程度上减少道德风险的发生。

第四节 安徽农村综合（小额）保险发展趋势分析

小额保险是一个新型保险险种，为贫困人口提供比常规保险保障程度小的保险险种。当下，国内农村地区的保险的深度和密度并不高。许多农民因保费较高而对保险产品望而却步[①]。小额保险刚好弥补了这一块保险市场的空白。本节将从安徽省农民生活质量、农业产值和农业产业化发展近况等方面梳理安徽省农村经济社会发展趋势。结合安徽省经济社会发展实际分析出农村综合保险的需求特点。最后，对安徽省农村综合（小额）保险发展现状进行点评，并对综合（小额）保险的发展走向进行预测。

一、安徽农村经济社会的发展趋势

改革开放以来，安徽省农村经济社会发展一直保持着平稳向好的发展趋势。在全国中部地区的发展较为领先，根据安徽省农业委员会发布的最新数据，2017 年上半年安徽省农民人均可支配收入的增长速度位居中部第 1。同时，全省农产品加工总值同比增长 10.5%，增速同比提高 5.3 个百分点。

---

① 曹晓兰．我国小额保险的经济学分析［J］．保险研究，2009，(6)：33－36.

（一）农民收入持续增长

进入 21 世纪第 2 个十年，安徽省农民人均收入保持了平稳增长的态势，如图 5－10 所示。从 2010 年的人均收入 6895.62 元增加到 2016 年的 15514.88 元，7 年间同比增长 125%。

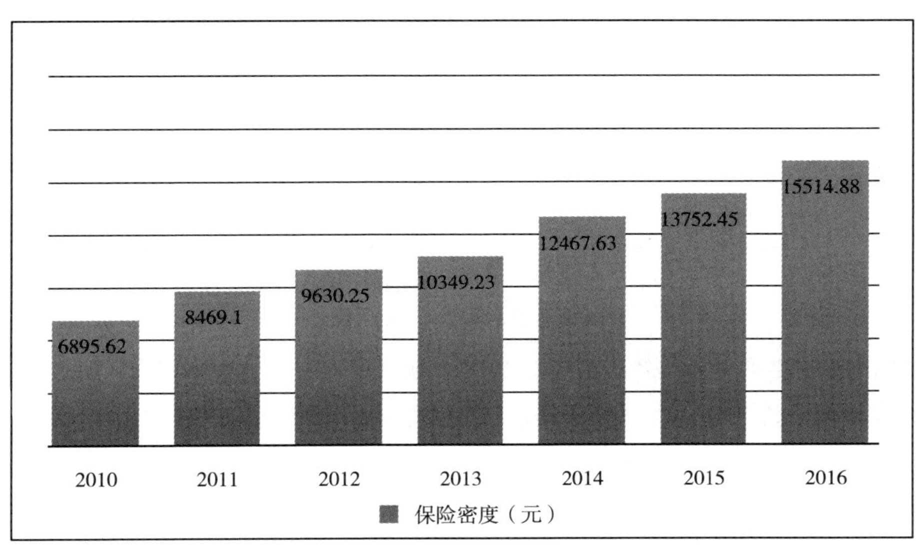

图 5－10 2010—2016 年安徽农村居民人均收入

资料来源：2011—2017《安徽统计年鉴》综合整理。

（二）农民实际生活水平有明显提高

近年来，安徽省农民的实际生活水平有显著提供。从安徽省农村居民恩格尔系数、农村常住人口人均住房面积和农村居民耐用消费品三个角度可以明显看出。

恩格尔系数是指食品支出总额占个人消费支出总额的比重的统计指标。恩格尔系数越小表示食品支出占消费总支出的比重越小，说明用于食品这一生存资料的钱占总支出的比重小，有更多的钱投资于如教育、娱乐等发展资料消费，表明生活水平相对较高。2000—2016 年安徽农村家庭恩格尔系数如图 5－11 所示。

在农村常住人口居住面积方面。2010 年农村常住居民人均住房面积为 32.05 平方米，2016 年增加到 49.4 平方米，同比增长 54.13%。在农村贫困居民危房改造方面，“十二五”期间安徽省完成 81.4 万户

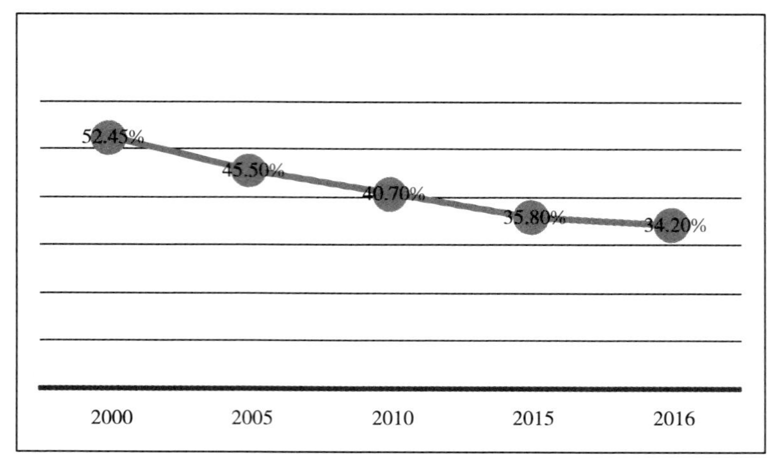

图 5-11　2000—2016 年安徽农村家庭恩格尔系数

资料来源：安徽统计局官网。

农村危房改造任务，超计划 50.7%，取得积极成效。实施农村危房改造的同时，也带动了农村消费，五年来，国家补助我省农村危房改造资金 57.95 亿元，省级财政配套 18.69 亿元，群众自筹约 260 亿元。农村危房改造还带动了电器、家具等消费。

在关系农村居民日常生活的耐用消费品消费方面，农村居民洗衣机、电冰箱、空调和家用汽车等拥有量今年来持续增长。

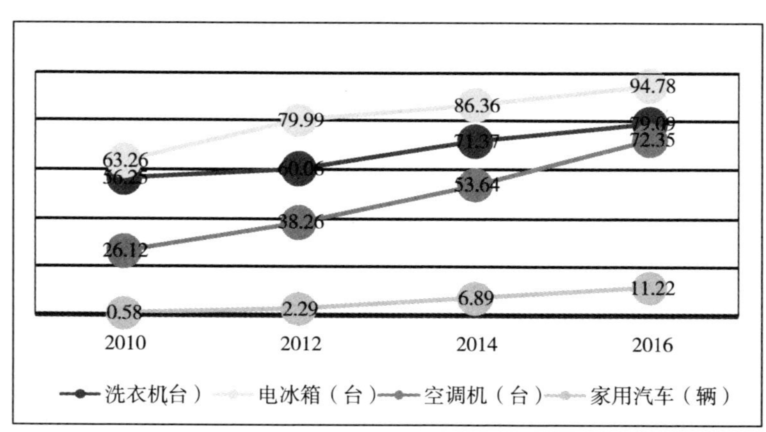

图 5-12　安徽省农村家庭耐用消费品拥有量

资料来源：安徽省统计局网站

（三）粮食等重要农产品生产稳定，结构优化

21 世纪以来，安徽省农林的生产部门的一些主要农作物品种一直保持稳定增加的增长态势。关系到人民群众的基本生活的主粮农作物如稻谷和小麦等产量增长幅度较大。稻谷的产量由 2000 年的 1195.14 万吨增长到 2016 年的 1401.8 万吨，同比增长 17.29%。小麦产量由 2000 年的 730.33 万吨增长到 2016 年的 1385.9 万吨，同比增长 89.76%。以茶叶、园林水果为代表的经济农作物增长也较为显著。2016 年的茶叶产量比 2000 年同比增长 146.91%，2016 年园林水果的产量比 2000 年同比增长 176%，见表 5-11 所列。

表 5-11 2000—2016 年安徽省主要种植业品种产量

指标（万吨）	2000 年	2005 年	2010 年	2015 年	2016 年
稻谷	1195.14	1317.25	1383.43	1459.34	1401.8
小麦	730.33	808.11	1206.67	1411	1385.9
玉米	247.28	234.97	312.75	496.27	465.5
豆类	114.6	101.98	121.91	134.04	131.5
花生	111.15	79.29	86.40	94.43	90.73
油菜籽	156.77	182.33	133.73	126.29	116.83
棉花	28.5	31.1	31.6	23.37	18.46
茶叶	4.54	5.96	8.33	11.29	11.21
园林水果	110.61	151.72	235.67	299.44	305.28

资料来源：安徽省统计局官网。

安徽农业养殖产业同样有不俗的成绩，以关系到人民群众日常生活的肉、奶、蛋和淡水产品的产量为例。其中，猪肉产量从 2000 年的 198.5 万吨增长至 2016 年的 244.86 万吨，同比增长 23.36%。牛奶产量从 2000 年的不足 5 万吨增长至 2016 年的超过 32 万吨，16 年间更是增长了近 7 倍。禽蛋产量从 2000 年的 107.4 万吨增长至 2016 年的 139.55 万吨，同比增长 30%左右。淡水产品产量从 2000 年的 159.8 万吨增长至 235.8 万吨，同比增长 47.56%，见表 5-12 所列。

表 5－12 近年安徽主要养殖业品种产量表

指标（万吨）	2000	2005	2010	2015	2016
猪肉产量	198.5	231.74	238.8	259.11	244.86
牛肉产量	31.88	31.46	18.3	16.19	16.49
羊肉产量	11.21	17.59	14.2	16.58	17.35
牛奶	4.11	11.01	20.5	30.63	32.68
禽蛋	107.4	122.06	119	134.66	139.55
淡水产品	159.8	177.57	193.31	230.43	235.8

资料来源：安徽省统计局官网。

（四）农业产业化进程加快

农业产业化的目的，在于将农业生产和市场紧密结合，使农业生产的科技水平、市场化、专业化程度增强。要求农业产业市场化、区域化、专业化、规模化、集约化。安徽省内一些县市因地制宜，生产适宜当地自然地理环境的特色农产品，并不断重视产业化和品牌建设，如在全国享有一定美誉的食品品牌“詹氏山核桃”“溜溜梅”等。

目前，省内农业产业化发展整体形势较好，各级政府也颁布了促进农业产业化发展的相关文件，比如正在实施和推进的主要是五大工程。五大工程包括在全省建立优质规模农产品原料基地，加快农产品加工业转型升级、龙头企业培育等，其中，为扭转农产品加工转化水平低、效益不高的难题，安徽正依托一批农业产业化龙头企业，联合开展农产品加工关键技术协同攻关。眼下，安徽正通过大力实施农业产业化系统工程，加速技术、资金等要素向农业全产业链流动。截至目前，全省共拥有规模以上农产品加工企业 6429 家，已培育绿色、有机等“三品一标”农产品 4095 个，主要农产品加工转化率达 70%左右，预计 2017 年底全省规模以上农产品加工企业的产值有望突破 1 万亿元大关。

二、安徽农民综合保险保障需求特点

随着经济社会的不断发展，安徽省农民综合保险的需求有了新的发展方向。农民不仅需要和农业生产相关的保险产品，更需要保障自身健康的医疗保障需求、子女教育保障需求和家庭财产保障需求的保险产品。当前，安徽省农民对保险保障需求呈现出以下特点：

（一）收入不确定和大病无保障

农民收入的不确定性是由多种原因共同作用导致的，譬如农产品价格的波动或由于自然灾害、动物瘟疫疾病等造成农作物和养殖牲畜的减产绝收、疾病和死亡等原因。根据适应性预期理论，如果未来存在着不确定因素且这些因素难以预计，人们会参考历史经验来修正对未来的规划①。所以，如果农民收入增长率的变动范围较广，表明农民收入的不确定性更大，而收入的不确定直接导致农村居民生活水平波动。2010—2016 年，安徽省农民收入增长率如图 5－13 所示。

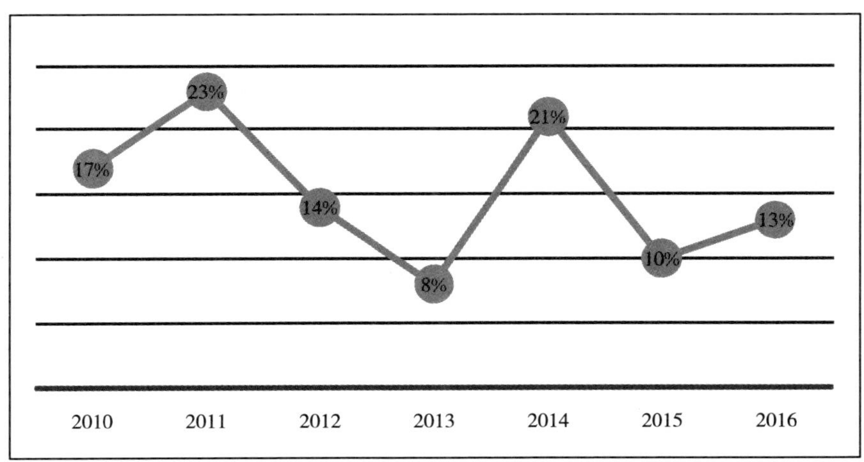

图 5－13　2010—2016 年安徽省农民收入增长率

资料来源：安徽省统计局网站

从图 5－13 可以看出，2010 年以来安徽省农民收入的增长率总体并不是特别稳定。可见，安徽农民需要一个完善、严谨的保险体制作为后盾。在大病风险方面，对大多数农村居民来讲，健康不是生活的目的，是生活的手段，是提高生活水平的资本。近年来，安徽农村居

① 米尔顿·弗里德曼．价格理论［M］．蔡继明，译．北京：华夏出版社，2012.

民每年人均对健康保健方面的支出不断增加。2016 年农民人均健康保健支付为 931.89 元，而这一数字在 2012 年仅为 510.6 元，5 年间同比增加了 82.7％[①]。高额医疗费用不仅会将一个家庭拖入贫困，一旦家庭主要劳动力患有大病，更容易使得农村家庭“因病致贫”“因病返贫”。目前，安徽、陕西、四川等 8 个省率先启动了农村贫困人口 9 种疾病免费治疗的政策，包括儿童先天性心脏房间隔缺损、儿童先天性心脏室间隔缺损、儿童急性淋巴细胞白血病、儿童急性早幼粒细胞白血病、食管癌、胃癌、结肠癌、直肠癌、终末期肾病[②]。因此，“新农合”医疗保险和普通商业医疗保险，未来在农村地区都将有一个广阔的市场。

（二）家庭财产和子女教育保障的需求增加

改革开放以来，一些高档耐用品逐渐走入安徽省农村居民的日常生活，这使得家庭财产的总价值不断增加。2016 年，安徽省农村居民家庭耐用消费品中，空调、洗衣机、电冰箱的拥有率均超过 70％[③]。说明这些生活电器已经逐步走进寻常百姓家，为了防止突发意外事故对农民家庭财产造成更大损失，家庭财产保险在安徽省广大农村地区未来是有极大的市场潜力的。在子女教育方面，由于科教兴国战略和农民思想的转变，农村居民越来越重视对子女的教育。目前安徽省县域义务教育基本均提前 3 年实现全覆盖，学前 3 年毛入园率、高中阶段和高等教育毛入学率、高考录取率连续 5 年超过全国平均水平[④]。重视对下一代的教育，不仅对未来改善单个家庭的生活水平有重要作用，甚至对国民总体文化素养和国家综合竞争力有重要影响作用。因此，目前在城市地区流行的子女教育保险对安徽省农村居民同样具有一定吸引力。

---

① 资料来源：安徽统计局网站 http：//www.ahtjj.gov.cn/。

② 资料来源：光明网 http：//www.gmw.cn/。

③ 资料来源：安徽统计局网站 http：//www.ahtjj.gov.cn/。

④ 资料来源：新华网 http：//www.xinhuanet.com/。

三、安徽农村综合（小额）保险发展分析

综合（小额）保险是一种创新型的保险险种。它不仅能为农村居民增强抵御意外伤害风险的能力，还能够帮助政府引入保险机制参与社会管理，化解因意外伤害引发的社会矛盾纠纷。之所以称其为小额保险，就是针对交费少、保障相对较高的农业保险的特点而言的。综合（小额）保险对农村反贫困事业具有重大意义，政府应鼓励推进农村小额保险在国内的发展。

（一）综合（小额）保险的经济学分析

1. 综合（小额）保险的内涵

现阶段，国际学界对小额保险的定义综合来说，有以下共同点。首先是小额保险的对象均为低收入群体，其次在基本性质上均确定为保险性质，最后在保费设计方式上均以风险发生的概率为标准。可见小额保险即是为低收入群体提高的保费和保障程度均低于正常保险产品的保险险种。

2. 综合（小额）保险的金字塔底层战略分析

C. K 普拉哈拉德（C. K Prahalad）认为，贫困人口并不是社会负担，是有价值的消费群体[①]。综合（小额）保险就是针对贫困人口消费所开发出保险险种。帮扶他们应对、处理相关风险的理财消费选择。下文将运用金字塔底层理论战略原理，对综合（小额）保险的相关问题做出分析。

随着全球化进程的不断深化，世界范围内的贫富两极化趋势日益显著。2002 年，普拉哈拉德和哈特提出了金字塔底层战略理论。这一理论主要是指在全球范围内，有超过 40 亿人生活在按财富和收入能力划分的经济金字塔的底层[②]，如图 5－14 所示：

---

① C K 普拉哈德．金字塔底层财富［M］．林丹明，徐宗明，译．北京：中国人民大学出版社，2005.

② Anderson J. and Markides C. ，Strategic innovation at the base of the pyramid［J］. MIT Sloan Management Review，49（1），2007，pp：83－88.

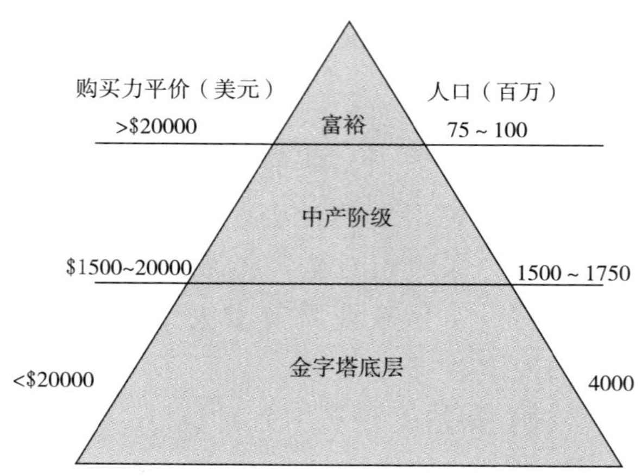

图 5－14 金字塔底层分析图

资料来源：C. K Prahalad. The Fortune at the Bottom of the Pyramid

在金字塔底层理论中，虽然底层消费者的人均消费能力不强，但是由于其人数众多而形成了一个巨大的潜在市场。研究显示，低收入者有着与其收入水平相适应的品牌意识和购买力。在低收入群体可接受的价格区间内，他们展示出为能够提高其生活质量的产品和服务的支付意愿①。针对低收入人群的综合（小额）保险正好契合了金字塔底层战略理论的核心思想。从需求角度分析，低收入群体有着同其收入水平相适应的消费需求，他们渴望能有保费水平较低的保险产品，对其进行较低层级的风险保障。从供给角度分析，由于小额保险的保费和风险保障程度均小于普通保险，因此对于该保险的设计提出了新的要求。加之，开拓农村市场可能会有更高的经营成本和代理费用支出。如果将这各项成本全部归集到保险产品的保费上，最终低收入农民群体仍然得不到切实的实惠。因此，综合（小额）保险的经营机构如果想从低收入群体这一市场获利，就必须制定出符合低收入人群消费习惯和实际需求的保险产品。

① Subrahmanyan S J, Tomas Gomez Arias. Integrated approach to understanding consumer behavior at bottom of pyramid [J]. Journal of Consumer Marketing, 25 (7), 2008, pp 402－412.

（二）安徽省农村综合（小额）保险发展现状

1. 近年农村综合（小额）保险取得的成绩

2009 年起，安徽省开始试点小额保险。2014 年，国务院颁布的《国务院关于加快发展现代保险服务业的若干意见》明确提出要大力发展农村小额人身保险等普惠保险业务①。截至 2015 年末，安徽省共承保农村小额人身保险 1797 万元，覆盖人群 69 万人次，提供风险保障 92 亿元，共有 244 人获得理赔，赔偿金额 281 万元②。

目前安徽省农村综合（小额）保险主要覆盖的险种有小额的简易人身保险、小额家财险如农房保险等和小额农业保险。在小额简易人身保险方面，目前安徽省内的简易人身保险主要由中国人寿安徽分公司经营。以安徽省岳西县为例，2018 年该县规划提升农村低收入人群的风险保障能力，与中国人寿岳西县支公司展开合作，进行覆盖全县 30％人口的小额人身意外伤害保险的投保工作③。该险种具体内容见表 5－13 所列。

表 5－13　2018 年岳西县小额人身保险保障服务简表

参保对象	18～80 周岁居民，其中风险相对较高家庭的主要劳动力应参保
保险费用	每人每年 50 元
风险保障	①遭意外事件身故，按 20000 元给付身故保险金； ②遭意外事故致残，按残疾程度给付 20000 元以内的保险金； ③遭意外事故所花费的医疗费用，最高报销 3000 元； ④60～80 岁的参保人，发生意外事故，身故赔付 15000 元；致残按残疾程度给付 15000 元以内的保险金；医疗费用最高赔付 6000 元

资料来源：岳西县人民政府办公室网站。

在小额家财险方面，国元农业保险公司在安徽省积极开展相关业务活动，承保农户房屋及房屋内部的相关财产如家用电器、粮食、农业机具等。以农房保险为例。2014 年起，国元农业保险公司安徽分公司紧抓全省试点农村住房保险的机遇，承办了安徽省六安、安庆等 5

① 资料来源：国发〔2014〕29 号。

② 资料来源：安徽省保监局网站 http：//www.circ.gov.cn/。

③ 资料来源：岳西县人民政府办公室网站 http：//www.yuexi.gov.cn/。

市 27 个县区 455 万户的农房保险，累计赔付 6000 万元，平均每户赔款 4000 元以上。同时，针对五保户等农村困难群众，国元保险提高了理赔标准，让农村困难群众获得更多实惠。2016 年为困难群众赔付了约 300 万元[①]。在小额农业保险方面，安徽省积极开展农业小额贷款保证保险。以安徽省金寨县为例，金寨县农业小额贷款保证保险以县内农业企业、农民合作社、家庭农场和种养大户作为主要服务对象，在无贷款抵押担保的情况下，农业企业、合作社和个人可以分别申请最高 200 万元、100 万元和 30 万元的贷款。贷款保证保险费率从 4%降至 2%，银行贷款利率上浮不得超过 30%。不仅如此，还设立风险补偿基金，对赔付率超过 150%部分全额补偿[②]。

2. 农村综合（小额）保险扶贫典型案例

农村综合（小额）保险对安徽省内的扶贫工作也有着重要的意义，以安徽省淮南市一小额保险理赔案例为例。2017 年，被保险人刘某 50 岁出头，是谢圩村重点扶贫户，一天清晨，他骑电瓶车出外务工，在潘集区祁集许岗铁路桥洞下摔倒，造成后脑勺着地，经抢救无效死亡。抢救期间，数万元医药费均由谢圩村为其垫交。刘某出险后，村里立即想到在 2016 年为其购买了一份“农村小额人身保险”，保险金额共计 3.5 万。当时由于刘某家里过于贫困，这 50 元的保费也是村里缴付的。处理完后事后，谢圩村和刘某亲属来到幸福人寿淮南中支申请理赔，经审核，被保险人的死亡、火化及户口注销证明齐全，符合理赔范畴，幸福人寿总、分公司做出快速理赔决定，赔付全额 3.5 万元身故保险金[③]。可见，小额保险很好地解决了农村群众意外伤害的经济补偿问题，弥补新型农村合作医疗缺乏意外伤害和意外身故保障的缺陷，增强家庭抵御意外风险能力。开展农村小额人身保险，能够帮助广大农民获得必要的保险保障，摆脱因意外伤害致贫和返贫，最大限度地减少意外带来的经济损失，减轻政府和个人经济负担，促进农业生产、农民生活和农村稳定。

---

① 资料来源：安徽日报农村版网站 http：//epaper. anhuinews. com/。

② 资料来源：新华网 http：//www. xinhuanet. com/。

③ 资料来源：该案例来自安徽保监局网站 http：//www. circ. gov. cn/。

（三）安徽农村综合（小额）保险发展的不足

1. 农村综合（小额）保险的经营风险较大

农村小额保险的很多险种，如水稻保险受自然条件影响的程度较深。以安徽省安庆市为例。2016 年，安庆市各地遭受了不同程度的洪涝灾害。全市水稻受灾面积 150.73 千公顷，占当年全市农作物受灾面积的 58%；绝收面积达 61.07 千公顷，占当年全市农作物绝收面积的 67%①。可见，一旦发生重大自然灾害，保险公司的赔付压力会十分大。在经营过程中，道德风险也特别引人关注。一些农民将风险较大的保险标的投保，这提高了保险公司赔付的概率。另一方面，农村当地实际各不相同，保险公司为了降低成本，在农村设立的营业网点相对较少，一些小额业务需要花费较大的交通成本，造成公司经营入不敷出。

2. 农村综合（小额）保险的技术含量不高

农村地区的相关农业风险和天气之间有密不可分的关系。以天气指数保险为例，天气指数保险是将天气变化等事件的物理参数或参数组合而触发赔付的保险产品。天气指数保险不仅可以降低业务成本，还可以在一定程度上抑制道德风险和逆向选择等问题。但是目前安徽省内天气保指数险的推行面临了一些技术、设施方面的问题。首先，不同风险区域需要大量农业、气象数据加以测算，而省内相关数据则相对匮乏。其次，天气指数保险依赖于气象观测站的观测。数据显示，安徽省内按面积需要约 7000 个气象观测站。而省内目前气象站的个数仅为 82 个，整体缺口较大②。

3. 农村综合（小额）保险的补贴力度不强

首先，从政府补贴角度分析。由于农村综合（小额）保险在安徽省发展的时间并不长，各项财政法律措施的配套均不完善。因此，仅针对省内农村综合（小额）保险的财政补贴不多，尚无制度化的补贴标准。

---

① 资料来源：安徽省统计局网站 http：//www.ahtjj.gov.cn/。

② 资料来源：安徽省气象局网站 http：//www.ahqx.gov.cn/。

其次，再从农村普惠金融融资角度分析。近年来，安徽省农村金融建设有了一定的发展，但是某些政策尚未得到充分发挥。以中国农业发展银行安徽省分行为例，农发行在涉及农民小额贷款的支持力度方面尚显缺乏，涉农小企业贷款余额占比不足 1.5%[①]，这会削弱农户购买小额保险的兴趣。

4. 农民对小额保险的投保意识不强

农民对农村综合（小额）保险的投保意识不强主要体现在农民和基层对农村小额保险的酝酿反应期较长。以安徽省黄山市为例，黄山市徽州区政府在 2009 年就颁布了《徽州区农村小额人身保险试点工作实施方案》[②]，但是直到 2013 年初，小额保险试点工作仍未完成在该地区的覆盖。究其原因，主要是农民对小额保险的认知度并不高，大多数农民对保险的认识只停留在表面。经济欠发达同样对农业投保意识造成负面影响。黄山市是以农业生产为主的农业市，农村常住人口占比 55.6%，高于全省平均水平[③]，总体经济水平在省内并不突出。因此，在认知程度和经济水平双重影响下，造成了农民对小额保险的投保意识薄弱的状况。

5. 小额保险法律监管体系不完善

农村综合（小额）保险作为带有政策性质的保险种类，离不开健全的法律监管体系作为保障。但是目前，相关法律体系并不完备。2008 年，保监会推出了《农村小额人身保险试点方案》[④]，是行业内首部规范性文件，2012 年又发布了《全面推广小额人身保险的方案》[⑤]，标志着全国小额保险业务的全面展开。但是以上这些均是监管性质文件，法律效力并不强。在《保险法》中，对小额保险相关业务涉及很少，对经营小额保险的保险机构准入及退出机制、经营主体的偿付能力标准等方面都无章可循。这对农村综合（小额）保险的长远发展有

① 资料来源：安徽省银监会网站 http：//www. cbrc. gov. cn/sj/anhui/。

② 资料来源：徽州区人民政府网站 http：//www. huizhouqu. gov. cn/。

③ 资料来源：安徽省统计局网站 http：//www. ahtjj. gov. cn/。

④ 资料来源：保监发〔2008〕47 号。

⑤ 资料来源：保监发〔2012〕53 号。

不利的影响。

四、安徽农村综合（小额）保险的发展走向

（一）提升管理水平，降低经营风险

1. 降低公司运营成本

农村综合（小额）保险在安徽省的发展仍然处于初级阶段。因此小额保险领域在提升管理水平的同时，也应当重视运营成本的降低。首先，应当着力改善小额保险业务粗放管理模式，向着精细化管理的方向推进。可以通过开发适合小额保险业务的相关软件，降低管理成本，提高小额保险的运营效率。其次，降低保险交易成本需要有效的制度安排。可以吸取国际上对于小额保险经营的经验，通过简化产品、降低核保成本，以降低管理成本。同时，可以以村为单位，组织小额保险的团购。以团体为单位给保险公司交保险费，达到降低成本的目的，尽可能培训基层团购组织承担相应保单管理工作，以此提高经营效率，减少保险公司承保过程中的相关费用和潜在的沟通成本。

2. 形成专业化的经营模式

农村综合（小额）保险的发展是一个牵涉多部门的系统工程，需要保险公司、农户自身、县乡政府、农村地区商业银行通力合作。相关保险公司也应当借助这些机构的所发挥的政策职能，优化经营模式，控制风险。比如，借助政策金融机构的支农优势，调动农民购买小额保险的能力和积极性。也可以利用银行在农村拥有的大量客户群和广泛的分支机构的优势，促进小额保险产品的销售。产销分离将是我国保险业发展的大趋势，一站式、专业化的“保险超市”服务也将是未来保险消费的重要趋势之一。农村小额保险应该抓住这一趋势，开启新的营销模式。

3. 建立健全巨灾小额保险机制

建立一个完备的巨灾风险管理体系，是我国灾害管理领域长期发展的重要目标之一。短期内，可以从具有商业性和社会公益性双重属性的小额保险入手，先建立起一个针对中低收入人群的巨灾风险分散机制，再逐渐拓宽范围。目前世界上一些国家在小额巨灾保险领域已

经取得了一些宝贵的经验，如一些小额信贷组织附加的巨灾小额保险，特定补偿式的巨灾小额保险等。依照国际经验，中国可以建立一个巨灾小额保险基金。该基金可由各级财政的共同基金、农民缴纳的小额保险保费和其他捐赠款共同组成。同时，政府通过补贴或者税收减免等措施鼓励商业保险公司的加入，并对国有企业实施强制性巨灾小额保险保费征收[①]。

（二）优化产品设计，匹配市场需求

1. 产品设计方面

在产品设计方面，首先，产品应尽量满足农户的需要，以实际需求作为根本出发点。其次，产品设计应简单，各个环节应满足简单的原则。要以风险保障型产品开发为主，以“一揽子”保险为辅，开发针对性强、适应性高、保费低廉、保障适度的农村小额保险产品，推进小额保险产品大众化和保单通俗化。将养老险、医疗险、教育险、财产险与传统的农业保险相结合，开展综合性农业保险服务。对小额财产保险、小额种植业以及养殖业保险要大力发展相互制和合作制的保险组织参与小额保险。这样才能形成可持续发展的后劲。

2. 使险种与市场需求相匹配

农村综合（小额）保险的设计要注重“因地制宜”，充分考虑安徽当地的发展实际。某些农村小额保险产品就是完全按照总公司设计的产品或直接翻译国外的产品，没有考虑到本地区农民面临的实际风险而加以改进。针对这种情况，省一级的小额保险经营机构可以同当地相关高校、科研院所合作，定期下乡调研，了解当地农村真正需要的保险保障产品，设计适销对路的小额保险产品。

（三）运用科技手段，提高小额保险的技术含量

1. 创新销售渠道

在农村综合（小额）保险的销售方面，可以运用互联网手段进行创新。以我国广西壮族自治区为例，在该省农村小额保险试点工作中，中国人寿广西分公司主动与当地政府联系，借助当地“新农合”网络

---

① 刘新立．巨灾小额保险的国际经验及对中国的启示［J］．保险研究，2011，（09）：3－10.

平台开始介绍公司的小额保险，推出了与“新农合”联合销售的小额保险[①]。

2. 创新承保方式

在承保方面，随着技术水平的不断发展，保险科技的运用越来越受到广大保险从业者的关注。科学技术发展成果应当优先应用于产品设计、承保理赔等方面。以天气指数保险为例，安徽省应当在完备气象站等基础设施的条件下，未来不断完善对于气象观测站和气象数据的收集、加工工作。以天气指数作为触发机制，如果超出了预定标准，保险公司就应负责赔偿。天气指数保险与传统的农业保险相比优势突出，可以以此促进农村小额的发展。

（四）提高农户投保能力和意识

1. 提高农民可支配收入

收入农村综合（小额）保险在农村地区普及程度不高，主要还是受农村居民较低的收入水平所制约。在满足基本生活开支之后，农民并没有十足的余力将储蓄用于购买保险产品。2016 年，安徽省农村居民的人均可支配收入为 11720.47 元，该年全省人均 GDP 为 39091.81 元，城市居民人均可支配收入为 29155.98 元。可见，农民人均可支配收入仅占全省人均 GDP 的 30%，占城市居民可支配收入的 40%[②]。农民群体没有充足的经济实力和购买力，农业小额保险的发展就将是无源之水、无本之木，难以有实质性的发展。

2. 提高农民的投保意识

农村地区的文化环境相对比较落后，农民对于保险的认知程度十分有限。因此，可以开展印发小额保险的宣传手册、观看小额保险宣传片等方式提高农民对其的认知程度。在展业中，保险公司的工作人员应尽量以通俗化的口语进行解释。在理赔过程中，可以考虑举办现场理赔活动，这样农民可以亲眼看到保险金的支付，了解投保的好处，有助于他们树立风险防范意识、激发投保热情。

---

① 资料来源：广西新闻网 http：//finance.gxnews.com.cn/。

② 资料来源：安徽省统计局网站 http：//www.ahtjj.gov.cn/。

（五）完善法律、政策等相关外部环境

1. 法律层面

在法律上，应对农村综合（小额）保险提供坚实的立法保障。尽量出台相关的法律法规，而非行政性法律文件。以日本为例，在20世纪30年代，日本就颁布了《简易人寿保险法》对小额保险业务进行单独监管①，小额保险也对日本低收入人群的社会保障起到了积极的作用。所以，中央层面应当制定统领性的全国性法律。安徽省可根据本省实际，在相关小额保险立法的大背景下，制定农村综合（小额）的相关政策性文件，为其发展提供法律保障。

2. 财政补贴层面

在财政补贴方面，可以借鉴普通农业保险的财政补贴方式，给予其一个制度化的补贴标准。针对目前安徽农村地区较为主流的小额人身险、小额家财险和小额农业保险，分别制定补贴标准，明确中央和地方财政的补贴比例。以秘鲁为例，该国的母婴健康保险（SMI）近95%的预算和理赔费用均由国家财政提供支持。同时，秘鲁政府利用SMI保险的医疗机构进行分类，避免使用一些设施较好的医院作为签约机构，以此对享受该保险的人群进行筛选。同时，其他农村金融机构也应当充分发挥其职能，加大对农民小额贷款的支持力度，提高农民购买小额保险的经济能力和积极性。

（六）完善政府监管体系

1. 监管原则的确定

根据安徽省目前的经济社会发展情况，农村综合（小额）保险最重要的监管原则是保护农村低收入人群这个脆弱的保险市场，避免过度、恶性开发。但是，由于目前国内小额保险的发展还处在幼稚阶段，在保护农村小额保险市场的前提下，监管上可以适当放松，给其一个自由发展的空间。

2. 监管方式的确定

目前国内主流的金融监管方式是分业分机构监管。但是从小额保

① 朱大鹏．解析日本邮政简易人寿保险［J］．中国邮政，2005，（7）：15－18.

险发展的国际经验来看，机构会随经济变化而变化。如果按照机构监管的方式，可能会导致后期的一些经营主体容易纳入有效的监管中。因此，安徽农村综合（小额）保险的监管应该更多向功能监管靠拢。明确小额保险体系应具备哪些经济功能，然后据此来设立或建立可以更好地行使这些功能的机构与组织。

第六章　安徽农村互联网金融的发展研究

长期以来，安徽省农村金融呈现非均衡发展状态，农村居民难以获得和城市居民同等的金融服务。互联网金融在农村地区的不断兴起，在一定程度上反映了农村互联网金融的“长尾理论”与农村普惠金融具有高度的耦合性，能够有效解决农村金融发展面临的诸多问题。通过对安徽省农村居民对互联网金融的使用情况以及 P2P 涉农网贷平台、电商平台、无网点金融机构的发展现状与困境进行详细研究，可以深入了解互联网金融与农村金融深度融合的现实状况，有利于未来完善农村金融服务体系，促进经济体制改革。

第一节　安徽农村互联网金融的发展现状

安徽省农村互联网金融的发展离不开两大主体：一是农村居民，二是涉及互联网金融业务的机构，包括 P2P 助农网贷、涉农电商平台、传统金融机构的无网点银行。这些机构对互联网金融产品的研发以及推广程度，决定了安徽省农村居民能否获得金融帮助。而农户接受与否，意味着互联网金融业务有无落到实处、发挥真正的效用。换句话说，机构对互联网金融的业务研发和推广，代表着安徽省农村互联网发展的广度；农村居民对互联网金融的接受程度，代表着安徽省互联网金融发展的深度。

一、安徽农村互联网金融发展基础逐步完善

（一）安徽农村互联网的普及率稳步提升

当前，互联网已经成为我们日常生活中不可缺少的一部分，随着互联网技术与金融市场的不断融合，互联网金融的低成本、去中介化、

高覆盖率等诸多特性逐步被人们发现，互联网金融的规模效应、范围效应、长尾理论与普惠金融相谋和，使得互联网在农村地区的普及率越来越高。根据《中国互联网发展报告》和艾瑞咨询数据显示，截至2017年12月，安徽省网民数共计2721万人，城镇网民占比69.08%，规模为1880万人，农村地区网民数占安徽省网民总数的30.92%，规模为841万人，与2016年相比，安徽省农村地区网民占比增加1.13%（图6-1）。安徽省城镇地区互联网普及率为64.8%，农村地区互联网普及率为30.1%。

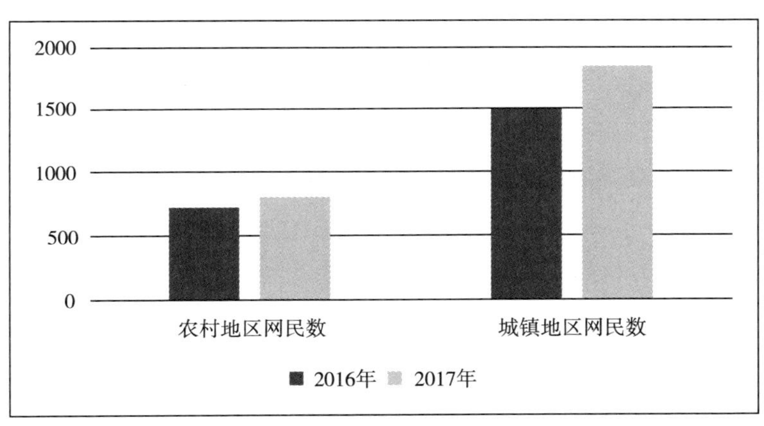

图6-1 安徽省农村地区网民数和城镇地区网民数

资料来源：《中国互联网发展报告》、艾瑞咨询

安徽省政府为改善贫困村的金融服务现状，深入实施“互联网+”，实现信息化、数字化、农业现代化的深度融合，保障贫困村农户的合理金融供给。2017年11月，安徽省人民政府办公厅印发《“十三五”信息化发展规划的通知》，预计到2020年安徽省贫困村宽带网络覆盖率将达到100%。

（二）安徽省农村地区大数据征信体系多元化

我国的征信体系的建立以及管理都是由央行实施，另外信贷信息也只覆盖了与银行有信贷交易的群体，所以被纳入征信系统的农户少之又少。农村地区由于缺乏征信系统导致农户难以从正规金融机构获得贷款，从而不得以选择高利息的民间借贷，这与农村信用体系建设不完善有密不可分的联系。

互联网技术中的大数据和云计算可以轻松解决农村地区缺乏征信系统这一问题。目前，安徽省大部分电商平台、P2P 公司或第三方征信平台等机构都可以通过获取农户在互联网上的交易记录、浏览记录、线下运营收益等大数据，综合分析农户金融行为、经营范围、资产状况等，从而准确判断农户的还款能力和还款意愿，改变目前农村地区征信市场缺失的局面。大数据征信系统相对于传统征信系统来说有两点好处：一是获取信用数据的来源更加广泛，并且在获取信息的方式上更加方便快捷，减少了信贷人员实地调研的成本；二是数据可以通过金融信息共享系统（NFCS）实现多方共享。若农户没有按时还款，将会影响其使用其他互联网金融平台，从而提高农户的还款意识。

二、安徽农村居民对互联网金融的应用比例逐渐提高

（一）互联网移动支付方面

目前，安徽省互联网移动支付方式主要分为两类，一是移动远程支付，包括网上银行、手机银行、电话银行等形式；二是扫码支付，包括微信支付、支付宝支付等新型支付方式。移动远程支付方面，根据央行发布的《农村地区支付业务发展总体情况》显示，截至 2016 年底，农村地区网上银行累计开户人数达 4.29 亿，电话银行累计开户人数达 2.15 亿，手机银行交易笔数共计 50.86 亿笔；扫码支付方面，根据中国互联网网络信息中心发布的数据显示，截至 2017 年底，约 2.17 亿农村地区居民使用微信扫码支付或支付宝扫码支付。根据对安徽省农村 500 户居民的实地调研数据显示，安徽省农村居民使用手机银行共 207 人，占样本总数的 41.56%；使用网上银行共 188 人，占样本总数的 37.68%；使用支付宝共 216 人，占样本总数的 43.21%；使用微信支付共 196 人，占样本总数的 39.21%；使用两种及两种以上支付方式的占使用移动支付总人数的 61.66%。

（二）互联网金融理财方面

随着互联网在我国农村地区的不断推广，安徽省农村地区互联网普及率为 30.1%，使得安徽省农村居民享受到了互联网带来的方便与

快捷，他们开始主动了解互联网金融，并尝试应用互联网办理金融业务。根据对安徽省五河县、无为县、太湖县、绩溪县等 56 个县的 500 户居民调研结果显示，安徽省农村地区有 57.58%的居民采用互联网渠道进行理财，理财金额分布情况（图 6-2）。银行定期存款是主要的理财方式，其次是余额宝、银行理财、保险产品，最后是 P2P 理财。近 60%的受访者表示对于 P2P 理财不了解，其中 53%的受访者表示完全不清楚。在全部的受访者中仅有 8%的受访者表示熟悉并且使用过 P2P 理财。

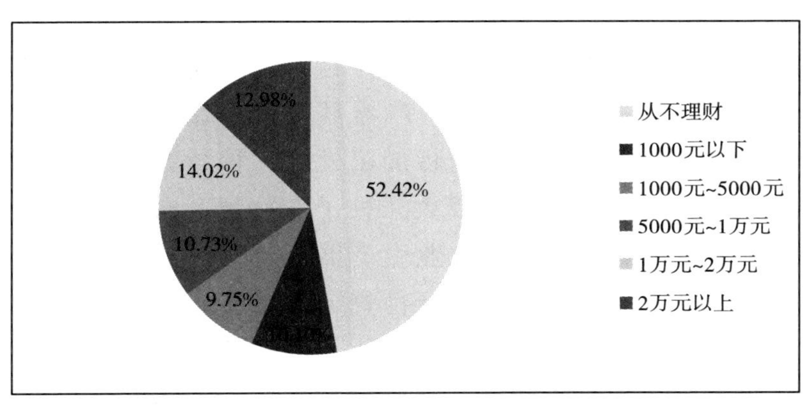

图 6-2 安徽省 56 个县 500 户居民年理财金额

资料来源：实地调研。

（三）互联网融资渠道方面

互联网金融规模的不断扩大，涉农融资渠道不断拓宽，农户不再仅仅依赖传统金融机构贷款。目前，安徽省涉农融资渠道包括：电商平台、电子银行、P2P 平台等多种互联网融资渠道。安徽省农村居民对于融资需求主要集中于两个方面：一是用于日常生活开支的资金需求，即消费性融资需求；二是用于农业生产所需的资金，即生产性融资需求。

从消费性融资需求层面来看，近年来，安徽省政府不断推进农村医疗保险、九年义务教育、农村危房改造等政策，使得安徽省农户消费性支出占比较低。根据对安徽省农村 500 户居民的实地调研结果显示，安徽省农村地区每年就医支出超过一万元的人数占调研样本总数的 6.7%，5000 元至 1 万元的人数占比 7.7%，2000 元至 5000 元的人数占比 32.6%，2000 元以下的人数占比 53%。随着九年义务教育的普及，家庭对子女教育的开支主要集中在高等教育阶段，根据调研结果显示，目前有 123 户家庭的孩子正在接受专科及以上的教育，占总调研总数的 24.6%。从调研的结果当中不难看出，消费性的资金需求并不高，农户的消费性贷款指数较低，在调查的农户中有融资意愿的农户仅占调研样本总数的 5.79%。

从生产性融资需求层面来看，农户产生生产性融资需求的原因是收入难以满足农业生产过程中的资金支出，支出的资金包括种植初期的测土测肥，化肥、种子、农药等农资的购买以及农业生产器具的保养与更换；种植中期，农户添置生产器具或选择性购买农业保险；种植末期，部分农户会对农产品进行加工处理。种植的每个时期都会产生资金需求，并且资金需求量较大，种子、化肥、农药等农资的价格从几十元到几百元不等，大型农业生产器具更是高达上千元。根据调研结果显示，约 67.2%的农户生产性资金的支出占家庭总支出的 50%以上，有 42.31%的农户有贷款的意愿。其中能通过银行获得贷款的农户数仅占调研总数的 9.21%，愿意尝试通过电商平台贷款的占比 31.98%，愿意通过龙头企业贷款并获得贷款的占比 15.61%，愿意通过 P2P 平台获得贷款的占比 43.2%（图 6－3）。

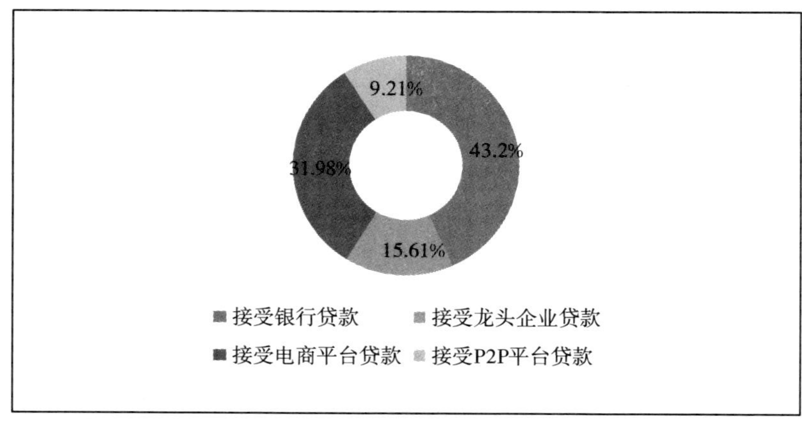

图 6－3 安徽省 56 个县 500 户居民融资选择情况

资料来源：实地调研。

三、安徽农村互联网金融机构涉农融资规模不断扩大

安徽省政府和各金融机构为打通农村金融服务的“最后一公里”，积极采取措施提高安徽省农村地区互联网普及率，促进互联网金融与农村金融市场相融合。根据《安徽互联网金融发展报告》显示，2017 年安徽省共有 71 家互联网金融平台，累计交易 498.9 亿元。上线时间达到半年以上的互联网金融平台共 55 家，其中涉农互联网金融机构 6 家，占安徽省互联网金融机构总数的 12.68%，累计交易 87 亿元。

（一）传统金融机构互联网化融资模式

安徽省银监局积极响应国家号召，实施“拓展服务渠道、扩大服务半径、丰富服务功能”三大举措，打通农村金融服务的“最后一公里”，引导安徽省内的银行扩大服务范围。在农村偏远地区建立自助存取款机、POS 机等电子操作器械。2015 年 1 月，安徽省农金正式推出“社区 e 银行”，应用互联网技术为安徽省农村地区的居民提供便捷高效的移动支付、小额信贷、资产管理等金融服务。安徽省农金的“社区 e 银行”经历了近三年的快速发展，截至 2017 年底，社区 e 银行商户达到 10.74 万户，累计交易 4.41 亿元，预计到 2019 年，“社区 e 银行”将实现安徽省农村地区的全覆盖。

（二）涉农 P2P 平台融资模式

P2P 平台模式是安徽省农村互联网金融发展的重点方向之一，涉农 P2P 平台可利用大数据、云计算等技术性优势，针对农村地区资金缺口展开线上信贷业务，解决农村地区长期以来资金短缺的问题，培养农村地区造血能力。虽然安徽省这方面起步较晚，但由于安徽省是农业大省，农业大规模生产导致资金需求旺盛，在这一背景下安徽省涉农 P2P 网贷发展初现规模。根据网贷之家的统计数据显示，截至 2018 年 2 月，全国涉农 P2P 网贷交易量达 1164 亿元，其中安徽省涉农 P2P 平台对安徽省农村地区资金注入量达 87 亿元，这在一定程度上解决了安徽省农村地区融资难的问题。

（三）涉农电商平台融资模式

作为农业大省，安徽省政府一直致力于开发属于安徽省的涉农电商平台。2013 年，安徽省人民政府办公厅发布《关于加快发展电子商务的实施意见》，提出农业龙头企业、农业合作社应积极参与电子商务交易，改善农产品交易不畅的现状，保障农户的基本利益。2014 年 6 月 18 日，安徽省涉农电商平台“惠农 E 购”正式上线，“惠农 E 购”给予农户全新的销售渠道，全国各地的客户都可以通过线上购买新鲜水果、蔬菜、粮油等农副产品，客户群体因此得到进一步的扩大。2015 年，安徽省人民政府办公厅再次发布有关电子商务的文件，提出电商平台应深入挖掘、分析互联网数据，开发大数据分析处理技术，为农户提供移动支付、融资等金融服务。“惠农 E 购”积极响应安徽省政府的号召，开发精准扶贫项目，对太湖县、石台县、枞阳县等 10 个县采取定向融资服务，截至 2018 年 3 月，共帮扶贫困农户 1463 次，涉及金额 112.35 万元。

第二节 安徽农村互联网金融的发展困境

一、安徽农村居民对互联网认知不足

安徽省农村地区属于相对落后地区，农村居民普遍存在知识水平不高，对互联网认知严重不足等情况，安徽省农村居民对互联网的知识匮乏仍是造成当前农户不愿意使用网络的主要原因。根据对安徽省 500 户农村居民的调研结果显示，在不使用网络的农村居民中有 70.3％表示不会使用网络，12.13％表示年龄太大/太小无须使用网络，9.58％的农村居民表示对使用互联网不感兴趣，4.23％的农村居民表示没有上网的设备，3.76％的农村居民表示当地无法连接互联网（图 6－4）。由于以上种种原因，安徽省部分农村居民难以识别互联网金融与金融机构的互补关系，影响互联网金融在安徽农村地区的推广与普及，造成农村居民无法通过互联网获得相应的金融服务。

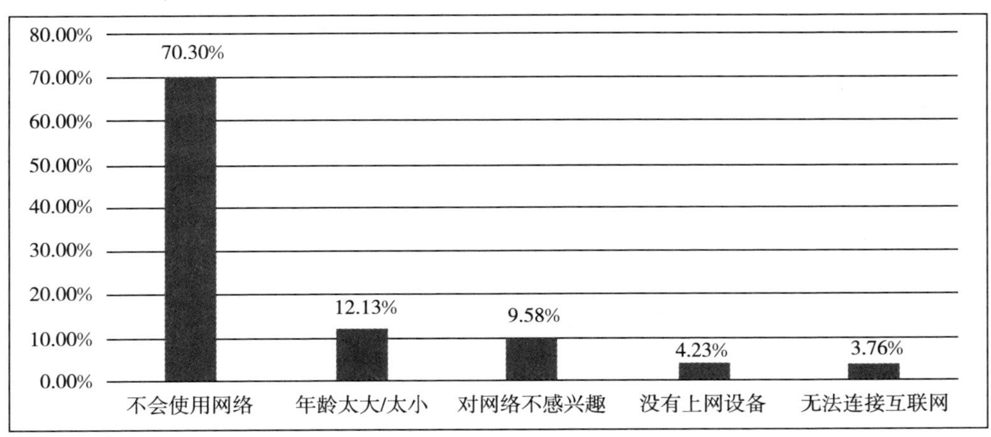

图 6-4　安徽省农村居民不使用网络的原因

数据来源：实地调研。

二、安徽农村互联网金融风险多样性

互联网技术给农户提供了多元的支付和融资渠道，提高了农村地区金融服务的覆盖面，使得贫困偏远地区的农户获得了应有的金融服务。但是由于监管体系的缺失导致市场规范程度低，加上安徽省农户自身的金融知识匮乏使得农村地区金融市场相对城市来说风险更高，而互联网能够迅速扩散风险的特性，可能导致更大规模的资产损失，农村互联网金融风险主要来源于信用风险。

农村互联网金融的信用风险来源于两个主体，一是互联网金融平台，二是农户。主流的涉农互联网金融平台借助近几年的国家补贴政策发展迅猛，使得其他互联网金融也争相进入农村金融市场。根据网贷之家的数据显示，截至 2017 年底，全国共有 3675 家网络借贷平台，而有问题的网络借贷平台数高达 2513 个，其中安徽省网络借贷平台 132 个，累计出现经营不善的网贷平台 34 个，占比 25.76%。出现问题的网络借贷平台选择了停业、融资、转型等不同的处理方式（图 6-5），虽然借贷平台选择了不同的方式，但是金融缺口依然存在。

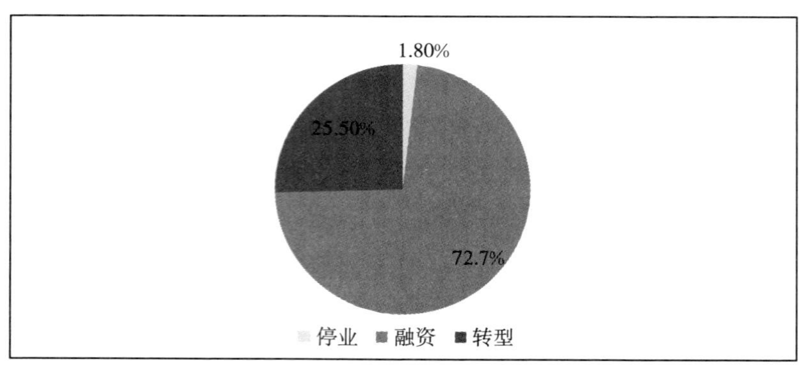

图 6－5 出现问题的网贷处理方式

资料来源：网贷之家。

对于另一个信用风险的主体——农户来说，信用风险主要来源于两个方面：一是征信系统不健全。我国目前征信系统的建立和大数据的管理都是由唯一一家授权机构掌握——中国人民银行，征信信息也只对银行业金融机构共享，安徽省银行业以外的机构难以获得贷款人的征信信息，因此就会出现部分农户伪造信息以骗取贷款，这部分农户的还款能力与还款意愿偏低。二是农户缺乏合适的抵押物，加上农户的收入来源与自然气候紧密联系，在出现自然灾害致使农作物受损时，农户可能会由于没有足够的还款能力而无法清偿贷款，无法收回的贷款就会演变成坏账，由此可能牵连到互联网金融平台资金链，造成系统性风险。

第三节 安徽农村互联网金融的发展模式分析

我国农村金融经历了几十年的发展，在发展过程中产生了众多涉农金融机构。《中国农村互联网金融发展报告 2017》发布当前我国农村互联网金融的主要参与主体为：传统金融机构、涉农电商平台、涉农 P2P 网贷平台以及众筹。根据对第一网贷、网贷之家的资料整理发现：目前，安徽省自主开发六家涉农互联网金融机构，包括三家无网点金融机构、两家涉农 P2P 平台、一家涉农电商平台。因此，本章结合安徽省农村互联网发展现状，选取安徽省涉及的三种模式加以详细研究（表 6－1）。

表 6－1 农村互联网金融模式

模式	运作主体	服务对象
无网点金融机构	农村金融机构	农户、乡镇小微企业
电商平台供应链	电商平台	电商平台用户
P2P 助农网贷	P2P 网贷公司	县域及县域以下有贷款需求的居民

一、无网点金融机构模式

无网点金融机构模式也称之为金融机构互联网化，指的是金融机构（国有商业银行、国有政策性银行、股份制银行、农商行、农村信用社等）应用互联网技术为农户及乡镇小微企业提供包括融资和综合线上金融服务（图 6－6）。目前，安徽省支农的金融机构主要有中国农业银行、中国农业发展银行、农商行，其中农商行是支农金融机构的中坚力量。截至 2015 年 12 月，安徽省农商行设立物理网点共计 3062 个，助农服务站 6759 个，安徽省乡镇覆盖率近 100%。但受农村地区地理可及性约束，人均服务密度指数一直偏低。因此，安徽省各行均设立虚拟网点，主要包括网上银行和手机银行。另外，针对农户和农村地区小微企业的贷款需求，部分银行还开设了互联网投融资平台，如安徽省农信社“金农易贷”、阜阳颍淮农商银行“e 惠农商”、屯溪农商行“商易贷”等。

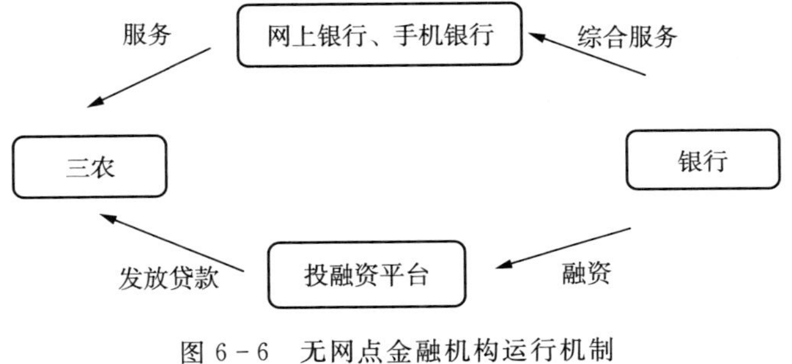

图 6－6 无网点金融机构运行机制

（一）无网点金融机构的运行机制

在无网点金融机构模式下的网上银行和手机银行，农户可以在平台上按照相应的指示办理简单的存贷款、转账汇款、支付结算、金融理财等综合金融业务。因为农户的经济来源主要是农产品的种植，而农产品种植的生产周期较长、受自然气候的影响较大，因此风险性较高。另外，农户缺乏合适的抵押物导致难以从传统金融机构获得贷款。无网点金融机构为解决农户融资难的问题，设立了为三农提供贷款的投融资平台。

为解决信息不对称带来的逆向选择、道德风险，投融资平台设立征信系统，征信信息的来源主要包括以下两种方式：一是实地调研，早期由于缺乏互联网技术并且农村信息相对闭塞，信贷人员会深入实地调研，通过拜访当地合作社、村内的居民获得贷款人的信用信息；二是集合银行内部和政府部门留存的大数据评估其还款能力与还款意愿。投融资平台的融资对象主要分为两类：一是涉农的中小微企业；二是从事农村具体生产经营活动的农户和生产大户。担保方式包括抵押、质押、保证、信用四种方式。还款方式包括等额本金、等额本息、按月结算、按季结算和利随本清五种方式。若客户满足以上条件，可以通过互联网进行自助式申请贷款，通过征信系统审核后，银行会批示相应额度的贷款发放到客户手中。

（二）无网点金融机构的优势分析

1. 减少物理网点的投入，实现更大范围的金融服务

安徽省农村地区呈现出地广人稀的现状，增设网点所覆盖的贫困人口数少，因此造成网点运营成本与收入不成正比，不利于银行的财务可持续性。伴随着互联网技术的应用，客户可以通过手机、电脑轻松获取所需的金融服务。Ehrbeck E，Pickens M（2012）认为传统银行业应进行合理的互联网技术的应用，互联网金融平台的运营成本远远低于银行网点的开设和运营成本，因此能够在盈利的情况下覆盖更多的贫困地区。

2. 借助大数据，降低交易成本、分散风险

早期，银行进行客户征信时要经历实地考察、核算检验、授信评

级、签订合同、办理抵押、跟踪调查六个环节。陆岷峰（2016）认为实地考察时银行授信人员可能因为个人主观性导致授信结果不准确。并且在这六个环节中，实地考察的费用最高。借助大数据技术，金融机构可以舍去实地考察这一环节，利用模型批量处理贷款，全程无须人工，从而可以简化授信流程，降低交易成本，提高工作效率。传统的风险管理采取抽样的方式检验，因此在准确性方面存在一定的缺陷。而基于大数据风险管理则是通过对所有实验数据进行整合和全天候跟踪。一旦捕捉到风险，工作人员可以在第一时间量化风险，然后对风险进行分散转移。

3. 增强客户黏性，线上线下资源有效整合

由于市场经济的影响，很多正规的金融机构因为利益的驱使，呈现出弃农的现象，农户被迫选择没有保障的民间借贷。随着互联网技术的不断兴起和利率市场化的逐步形成，互联网与传统金融机构的结合，降低了交易成本以及信息不对称带来的信贷风险。各大银行也因此开始关注广阔的农村市场，研发出多种多样的金融产品，农户因此回归正规金融机构，在各大银行网站或网点选择自己所需的金融服务和信贷产品。

（三）安徽省亳州药都农商行“金农易贷”案例分析

为了解决农村地区长期存在融资难与支付不便的问题，安徽省农村信用社联合社于2014年正式推出“金农易贷”项目，安徽亳州药都农村商业银行作为安徽省首批运行“金农易贷”项目的农村商业银行，拥有丰富的实践经验同时具备良好的风控手段，其以大数据应用为核心，以风险控制为根本，打造“借记卡＋小额信贷”的创新型电子银行金融产品，最终实现农户“一次授信、随用随贷、自助办理、循环使用”的目标。

1. “金农易贷”运行机制

安徽亳州药都农村商业银行推出的“金农易贷”系统具有金农借记卡业务的所有功能，一次授信之后，客户可以申请为期一年最高额度50万元的贷款。“金农易贷”利用银行内部数据和政府的信用数据，通过征信系统审核的客户可以随用随贷，改变了传统金融机构办理信

贷业务程序复杂、审核资料众多、办理时间长的状况。

药都农商行“金农易贷”面对的客户群体是安徽省内18周岁以上56周岁以下的农户和城镇居民。有贷款需求的农户首先需通过“金农易贷”进行线上实名制申请，系统利用政府大数据与银行系统内部金融数据相结合的方式获取农户的详细信息进行数据分析，在对农户过去的信用记录、生产经营状况进行总结的同时，考察目前农户的经营规模。对于信用评估通过的农户，系统要求其持有药都银行的易贷卡，并要求卡内存放一定的现金，以保证贷款人具备稳定的现金流，这种做法实质上是将未来款项作为一种质押的方式。最后，农户可以借助手机银行或者网上银行经过自助受理、自动信用评级、自动利率定价、自助发放贷款四个步骤进行授信审核与批准，授信批准后三分钟内便可获得贷款。值得一提的是“金农易贷”开发的利率自动定价系统，该系统会根据农户在银行的信用记录和存贷交易情况，自动更新利率定价水平，对于没有出现延期还款或者拖欠还款的农户降低贷款利率，在鼓励农户按时还款的同时也加强了客户黏性，有利于银行的长远发展。“金农易贷”在试运行的50天内，安徽省内共计8.8万农户通过线上申请贷款，亳州药都农村商业银行通过大数据比对分析发现，共给予3.6万农户发放贷款，发放率高达40.90%，放款总额共计8.65亿元。由于药都农村商业银行的“金农易贷”不仅改变了以往传统金融机构的信贷业务模式，解决了农户融资难的问题，而且能够为辖内的农户提供方便快捷的金融服务。截至2017年底，合肥、亳州、马鞍山、六安、安庆等市的农商行均开展“金农易贷”项目，安徽省农村信用社联合社提出将在全省83家农商行推广实施“金农易贷”。

2.“金农易贷”风险控制

“金农易贷”的风险控制主要集中在两个方面：一是前期发放贷款审核，二是后期收款。在前期发放贷款审核方面，农户通过“金农易贷”系统申请贷款以后，系统后台的授信评审部会根据该农户的交易大数据和社会信用大数据迅速进行信用评价，大数据整合的信息内容包括：贷款人从事何种农业生产经营活动、生产规模以及利润、是否有充足的资金来源、是否具有重大不良信用记录等。若通过信用评价，贷款文件会进一步提交给业务管理部的信用审查岗进行信用审批，若文件通过审批会自动转化为发放贷款。若审核出现异议，文件会提交授信管理委员会进行审议，由社联主任提交最终意见。这种层层递进式的严格筛选机制，可以提高信贷的合规性、安全性，避免因一人的主观意识影响授信结果。

在后期收款方面，“金农易贷”创新性地采用自动利率定价的方式，意味着能够按时还款的客户，来年借款时利率会有所降低，鼓励农户按时还款。获得贷款的农户需签订“金农易贷”个人额度借款合同，合同条款包括借款额度、借款期限、借款的用途、贷款利率、罚息等一系列注意事项，从法律约束的角度抑制农户拖欠还款的意图。“金农易贷”还设置贷后预警装置，系统根据贷款额度和生产经营收入，确定农户持有卡的余额数，一旦低于该数目，银行便会短信告知客户。另外，在贷款到期前10日，系统会提醒客户还款时间和还款金额。若农户出现逾期未还款的现象，只要卡里有资金，系统会从卡里自动扣除，直到还清借款为止。

二、电商平台农业供应链模式

2015年10月14日，李克强总理在国务院常务会议中提出，鼓励社会资本、企业、供销社等各类经济主体建设农村电商平台。2017年《中共中央、国务院关于深入推进农业供给侧结构性改革加快培育农业农村发展新动能的若干意见》提出为推进“互联网+”农业现代化的发展进程，应积极建设与农业生产、运输、销售相适应的电商平台。电商平台的建立与运营能够带动农村经济发展，缩小城乡差距。电商平台农业产业链模式指的是通过对农户购买农资长期积累的大数据进行专业化挖掘和专业化处理，并以此作为授信依据，为产业链上的农户提供融资、农产品加工、运输、销售等服务。目前该模式下的电商平台分为两类：一是已根植于农业的电商平台，如农哈哈、菜管家、本来生活网、沱沱工社等，这类电商采取线上线下相结合的方式运营，线下有特定的原材料供应与加工、仓储、物流，线上有销售渠道；二是跨界电商，如京东、阿里巴巴、苏宁、顺丰优选等。

（一）电商平台农业供应链的运行机制

电商平台农业供应链模式是由电商平台、农产品加工企业、农户、消费四个主体组成，以资金融通为前提，以粮食生产为核心，以互联网、大数据、云计算为技术支持，以市场信息为导向，线上线下融合的模式，在保障消费者利益的同时提升农户的收入。

1. 资金融通方面

我国农村地区主要的经济来源是农产品种植，但是种植农产品极易受自然灾害的影响，一旦遭遇旱涝灾害，就会导致颗粒无收，农户的资金链也就因此中断。电商平台为预防农户缺乏资金而无法进行下一轮生产情况的发生，会将农户日常在电商平台上购买农资的数据整合起来，估算农户的生产经营水平与生产规模。一旦发生资金链断裂的情况，电商平台会依托自身与农户长期交易积累的大数据建立风控模型，应用交易数据与云计算结合的方式估算农户的损失情况，对农户进行农资的赊销以满足其生产经营活动的正常运行。

2. 生产销售方面

生产方面，农户可以在电商平台上购买农资，包括生产器具、种子、化肥等种植所需的原材料。一个地区的气候、土壤、湿度比较接近，因此电商平台可以应用云计算测算出该区域适合种植何种经济作物，以避免种植品种错误，而导致作物的品质不高影响销售价格。另外，电商平台设立高附加值的农产品专区以满足高端层面的消费者需求，平台会派专家从理论与实践两个角度指导农户进行科学高效的种植，实现农户种植的科学化、现代化、智能化。

销售方面，在电商平台农业产业链模式下农户可以选择在电商平台上销售。电商平台会统一收购该区域的农产品，提高规模效应，简化购买流程，减少不必要的物流成本。电商平台线上线下同时销售既拓宽了销售渠道，增强了品牌效应起到宣传效果，而且可以接收第一手客户的反馈信息，倒逼农户种植绿色环保的农产品。随着经济的发展，我国国民越来越注重高品质的生活，部分电商平台就会选取成色好的农产品进行进一步的深加工，一方面帮助农户赚取更多的利润，另一方面满足客户的需求。农产品销售的重要环节之一是物流，农产品电商平台大多采用冷链物流模式，首先应用云计算共建供应链协同平台，将物流信息共享至协同平台，然后通过大数据分析整个平台上所有的物流信息，选择相近的物流网进行优化组合，最终实现运输成本可控。

（二）电商平台农业产业链的优势分析

1. 集中农民组织，提升竞争力

目前，我国农村种养殖业主要以家庭为单位，导致生产规模小，现代化程度低，交易方式单一，缺乏市场竞争力。随着各类电商平台进驻农村市场，可以将分散的农民组织进行合理化分配，集中培训，形成规模化生产与经营，促进农业产业化发展，形成品牌效应，从而提升农产品的竞争力。

2. 拓宽销售渠道，增加收入来源

我国传统农产品的售卖方式主要分为两种：一是收购商收购；二是农户沿街售卖。这两种方式对于农户来说都是卖方市场属于被动选择，农户没有更多的话语权，由于物流运输会造成部分农产品的损失，因此收购商会将价格压得很低，导致农户收益低。电商平台实行线上线下同时销售，根据不同的农产品种类采取不同的销售渠道。对于能够长期保存并且适宜包装运输的，采用线下宣传，线上购买的方式。对于易变质不能够长期运输的农产品采用线上推广，线下购买的方式，既能保证农产品的新鲜也能促进线下的消费体验。通过两种方式相结合，不仅增加农户的收入来源，还可以减少因长期运输而造成的不必要的经济损失。

（三）“大丰收”案例分析

我国农户的资金实力薄弱、生产组织化程度低、农技知识缺乏导致种植成本高，面临“小生产”与“大市场”的尴尬境地，加上流通成本高挤占了消费者的利益，导致产销不均衡的现象。“大丰收”在此背景下成立了，它于 2014 年正式上线，截至 2017 年底，“大丰收”已在安徽省合肥市、安庆市、黄山市、淮南市、阜阳共五市的县域设置了近 70 家工作站。经营范围包括农药、化肥、种子、农业器具、农技培训及新鲜蔬果销售等。

1. 农资电商平台“大丰收”的运行机制

2017 年 6 月 22 日，“大丰收”获得了 2 亿元的融资款项，目的是为进一步拓宽安徽省、山东省、河南省、湖南省等农业大省的线下业务渠道，实现线上线下资源整合，加强产业链建设。目前，“大丰收”旗下共有五项业务模块，分别是“大丰收”农资商城、“大丰收金融”、“大丰收飞防”和“大丰收植保”“农产品销售”（图 6－7）。分别对应农户产前、产中、产后三个阶段。

产前，“大丰收”利用互联网技术，对安徽省农村地区客户的农产品品种偏好进行汇总和分析，应用云计算预测全国各地区的农产品需求数量，最后将这些数据反馈给农技中心，农技中心会结合安徽省农村地区的土地面积、土壤质量、气候等自然条件进行合理的种植规划，给予安徽省不同区域的农户不同的种植意见。另外，农户可以在“大丰收”上购买低于市价的农资。由于土地上种植的作物不同，每位农户用药方式不同，每块土地的耐药性和土壤的质量指标都会不同，因此“大丰收”会派专门的农技师帮助农户进行土壤的测土配肥。根据农技师提供的配肥方案施肥可以降低化肥使用量、提高农作物产量。针对安徽省农村地区经济实力薄弱的农户，“大丰收”旗下的“大丰收金融”会根据农户在电商平台上购买农资的交易数据和信用记录的情况，给予信用记录良好农户签订远期合约的机会，远期合约对产品数量、价格、质量、交割日期、借款金额、借款期限等作出明确规定。“大丰收金融”通过远期合约的交易金额给予农户一定额度的贷款。“大丰收金融”解决了众多农户资金周转困难的问题，既提高了农资供应链中的资金流通速度，又保证了农资商城的可持续运营。

产中，“大丰收”平台为农户提供农药检测、肥料检测、作物病害分析检测、农产品重金属检测等八项服务。平台开展了植保业务，平台配备专家驻扎各地从而能够实地勘察帮助农户解决问题。对于没有专家驻扎区域的农户，平台另外设立了农技交流中心，农户遇到任何种植问题，都可以通过电商平台中的作物问诊向专家和其他农户寻求帮助。“大丰收”平台还提供飞防业务，农技中心的统计数据显示，

2017 年全国小麦病虫害发病程度高于常年，特别是赤霉病。2017 年 4 月，安徽省阜阳市涡阳县的 8 万亩田地遭受为期一个星期的阴雨，导致病虫害高发，“大丰收飞防”采用先进的无人机喷洒技术，实现精准定位、快速高效地消除病虫害对农田的不利影响。

产后，为保证蔬果的新鲜度，“大丰收”采用冷链物流模式统一收购农产品，收购来的农产品放在“大丰收”的农资商城进行销售，根据远期合约约定，平台会将销售的货款扣除农户贷款后的剩余部分发放到农户手中，农户可以进行下一轮的扩大再生产。

2. 农资电商平台大丰收的风险控制

“大丰收”同大多数电商一样，都是将农资交易大数据的统计分析作为授信依据。农户首先需要在平台上实名注册，并绑定银行卡；其次，平台会应用大数据查找农户的线上交易记录、线下农资使用情况，应用云计算测定农户的种植水平和生产经营收入；再次，对于符合授信条件的客户需要与“大丰收”签订一份远期条约，远期合约约定贷款仅限于在“大丰收”平台上购买农资，还款期限为一年，等农产品成熟，农户将种植成品卖给电商平台，平台将贷款扣除后的款项打给农户即可。为避免部分农户诚信意识薄弱而拖延还贷时间，“大丰收”采取鼓励政策，对于按期还款的农户给予来年贷款利率降低的政策。一方面降低按时还款农户来年的贷款压力，另一方面鼓励农户按时还款。

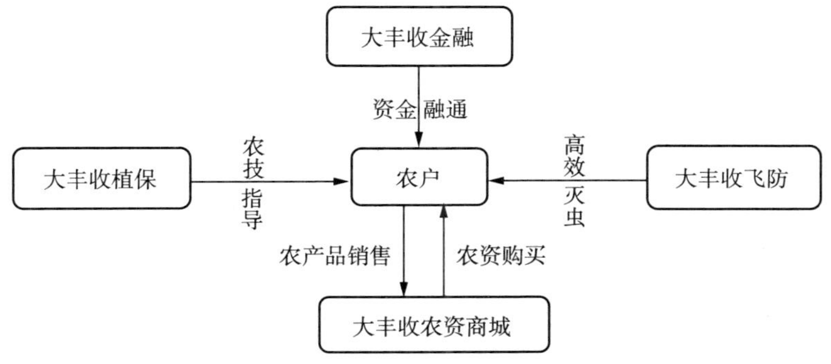

图 6－7 “大丰收”运行机制

三、P2P助农网贷模式

在我国成立之初，农村地区个人对个人的民间借贷盛行，原因是农村正规金融机构呈现出的集中化、商业化的经营模式，难以满足农村地区分散且多层次的需求。另外，在20世纪90年代，由于我国市场经济体制的确立，大量正规金融机构撤出农村金融市场，导致农户不得不选择民间借贷。进入21世纪以来，随着互联网技术的兴起，单纯的线下民间借贷已经远远不能满足农村金融市场的需要。P2P助农网贷平台应用互联网技术将P2P借贷与助农理念相结合，从而形成分散、高效的金融服务平台。该模式的核心是搭建有闲散资金的助农人士与贫困农户之间的桥梁，将农村资金外流的现象加以抵消。P2P助农网贷主要有无息借贷和公益性质的低息借贷两种方式。目前，我国更多的是采用公益性质的低息借贷模式。

（一）P2P助农网贷模式的运行机制

P2P助农网贷模式是除熟人之间借贷与非法集资外的第三种民间借贷方式。主要的参与主体包括社会各界爱心人士、农户、P2P平台。农户无须提供抵押物，只需向P2P平台递交借款申请和相应的材料，P2P平台对材料进行审核并给予批准或否决的意见。由于我国央行目前不对非金融机构提供征信报告，P2P平台现已逐步利用互联网技术，以大数据为依据，打造农村征信网络系统、风险防控网络、网络营销为一体的数据操作系统，以防某些借款人借机伪造征信信息导致征信市场混乱。部分P2P平台采取与有风控经验的机构进行合作，由机构进行农户的资料审核工作。对于审核合格的农户，P2P平台会及时在网站上发布农户的个人信息、借款数目、期限、去向等详细信息，由社会各界爱心人士进行借款帮助。

（二）P2P助农网贷模式的优势分析

1. 提供城市反哺农村的新渠道

由于农村地区基础设施落后、信息闭塞加上农村经济的风险程度高，导致正规金融机构不愿意扎根农村，而在城市投注更多的成本和精力，但是我国农村地区的土地资源占全国土地资源的60%以上，同样也需要热钱的流入，从而有效地利用土地进行生产带动国民经济的进一步发展。正规的P2P网贷平台提供了城市爱心人士帮扶农村的畅通渠道，爱心人士只需通过平台筛选自己的帮扶对象进行贷款，即可轻松实现城市反哺农村的全新途径。

2. 增强农户的主观能动性

公益性的低息贷款不同于以往的捐赠形式，对于贷款者来说，低息贷款具备公益性质，同样也有投资的商业价值，对于借款人来说，低息贷款一方面可以满足生产所需的物质需求，另一方面由于需要偿还本金和利息，农户就需要发挥生产的积极性和主动性，以保证能够按期还款，有助于提高农户的主观能动性，实现农户精神扶贫。

3. "宜农贷"案例分析

"宜农贷"由宜信公司创立于2009年4月，经历了八年多的发展，截至2018年2月，"宜农贷"共资助农户25098位，贷款累计金额2亿9千万元，成为目前全国最大规模的助农惠农P2P平台。"宜农贷"与安徽省阜阳市南唐兴农农资专业合作社和阜阳市申兴农作物种植专业合作社两家合作社合作共贷款224万元。(数据来源：宜农贷官方网站统计)

"宜农贷"是一种典型的公益性质的低息借贷，低息贷款这种造血式的扶贫方式，一方面可以帮助农户解决资金短缺的问题，另一方面还款的使命可以让农户更加主动地进行农业生产。宜农贷的运作宗旨是为城市当中有意愿借款给农村贫困地区的人提供交易渠道，利用互联网平台，扩大服务范围，提高规模效应从而降低成本以达到帮助更多贫困地区农户的目的。

(1)"宜农贷"运行机制

"宜农贷"采用与安徽省当地合作社以及小额信贷机构(MFI)合作的形式。"宜农贷"仅仅充当支付交易中介的角色，不涉及吸储业务与放贷业务。有借款需求的农户经历三个步骤便可收到贷款。第一步，向线下的MFI递交借款申请，由当地合作社与MFI一同对农户贷款资质进行审查，审查的内容包括个人口碑、房产、不动产、经营资质、银行存款等；第二步，审核通过农户的资料由MFI提交至"宜农贷"

平台，“宜农贷”对贷款信息进行进一步审核，并且注明信用等级。第三步，达到合格标准的农户需交贷款额的1%作为平台的管理费用。第四步，借款农户的信息会通过互联网平台披露给出借人，信息包括姓名、照片、所需资金数目、资金用途以及还款方式与期限。第五步，出借人可以根据“宜农贷”发布的消息，在“宜农贷”平台上购买理财产品随机匹配农户进行贷款或者直接选取农户进行定向贷款，贷款额由MFI统一收取和发放。成交后，贷款人可以获得2%公益性的利息。农户借款成功后需按照约定的利息和期限归还给MFI，由MFI统一归还给“宜农贷”平台，最后由平台按照相应的份额将本息拨划给出借人（图6-8）。

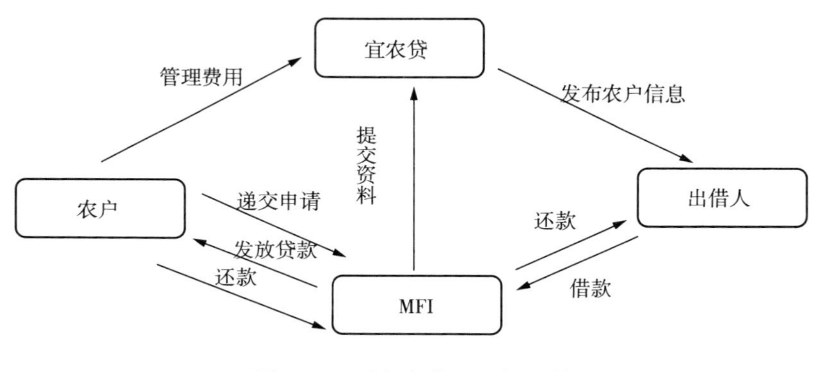

图6-8 “宜农贷”运行机制

（2）“宜农贷”风险控制

“宜农贷”风险控制以安徽省阜阳市为例进行详细的分析。“宜农贷”阜阳地区的借款农户需在“宜农贷”官网进行实名制注册，并且要经历当地合作社的一级审核，具体来说，农户需向南唐兴农农资专业合作社或申兴农作物种植专业合作社取得合作机会，并且要求在合作过程中没有出现赊销农资、还款逾期等违规情况，这相当于风险控制的第一道风险屏障，将好逸恶劳、不讲信用的农户排除在贷款对象之外。其次，农户需要经历阜阳当地MFI的两级审核，MFI会根据农户的家庭结构、经营种类、经营范围、资产状况、信誉状况、资金流状况综合分析农户的偿债能力，MFI将分析结果反馈给“宜农贷”。“宜农贷”依据结果对农户进行信用评级，根据等级的高低给予农户相应额度的贷款。

为保障“宜农贷”平台长久稳定的运营，“宜农贷”征收贷款总额的1%作为管理费用，管理费用被用于日常经营管理和信贷审核等，计提贷款总额的2%设立资金池，以保证在出现农户无法偿还贷款时也能实现平稳运营。另外，为保障出借人的利益，“宜农贷”采用线上线下统一运营的模式，“宜农贷”需要不定期进行阜阳乡镇的线下回访，关心农户的经营情况，及时发现问题，解决问题，保障借款人能按时收到回款。并且出借人的任何一笔投资期限满半年后，不论任何原因可以随时向宜农贷申请债权转让，“宜农贷”也会根据借款期限、数额等条件帮助出借人进行匹配对接其他出借人，保障出借人的利益。

第四节　安徽农村互联网金融发展的影响因素分析

上节主要从定性的角度对安徽省农村互联网发展的模式进行分析，根据研究表明农村互联网金融的P2P网贷、电商平台供应链融资、无网点金融机构这三种模式能够给安徽省农村地区带来信贷融资等金融服务，带有明显的普惠性特征。为了进一步提高安徽省农村普惠金融的发展，本节对农村互联网金融发展的影响因素进行实证分析，在明晰影响因素的前提下，未来可以通过增加对影响因素的投入力度，提高安徽省农村互联网金融的发展水平，间接推进安徽省农村普惠金融的建设进程。另外，安徽省农村地区属相对落后区域，互联网金融发展处于初期阶段，量化不同因素对互联网金融的影响程度，有助于通过促进影响因素的发展实现安徽省农村互联网金融的未来高效平稳的发展。

本节首先进行影响因素（一级指标）选取，选取结果包括：互联网发展水平因素、农村地区经济基础因素、金融市场活力因素、政策环境因素、网民特征因素、发展潜力因素六大因素；第二步，结合各个因素的特点，进行二级指标的选取；第三步，采用熵值法计算一级指标和二级指标的权重；第四步，根据权重获取互联网金融发展指数，通过互联网金融发展指数衡量当前安徽省农村互联网金融发展的水平。

第五步，根据权重的大小衡量各个一级指标和二级指标对安徽省农村互联网发展的影响程度。

一、指标选取

农村互联网金融的诞生及发展经历了漫长的历程，因此农村互联网金融发展水平的影响因素是一个综合体系。该体系首先应包含宏观经济环境从而能够保证反映区域互联网金融环境的真实性，其次应该包括目前互联网发展水平、政策环境、农村居民对互联网金融的使用情况等一系列因素。Manuchehr Shahrokhi（2008）提出互联网金融发展的驱动力来源于经济全球化、互联网环境、发展潜力、企业家精神、竞争等五个方面。龚遥和顾晓安（2015）具体分析中国的互联网金融发展历程，提出互联网金融发展受到自身发展水平、宏观经济状况、金融活力、政策环境、网民特征等因素的影响。张晓朴（2014）在分析互联网金融企业的发展模式后，认为宏观经济发展、互联网金融企业成本、经济政策、金融产品的需求指标能够反映互联网金融发展水平。除了上述的影响因素外，龚明华（2014）提出互联网金融的发展与政府的监管是不可分割的；叶佳宁（2015）通过协整检验，认为互联网金融的发展与当地的经济增长水平存在长期的均衡关系，通过GDP的增加，可以带动互联网消费，从而带动互联网金融的发展。

通过对国内外学者的文献研究，为本节的指标选取提供了重要的参考依据。考虑到指标选取的科学性、全面性以及数据可得性，本章将以互联网发展水平因素、农村地区经济基础因素、金融市场活力因素、政策环境因素、网民特征因素、发展潜力因素六个主要因素作为研究的指标，进行量化分析和研究。

（一）互联网发展水平

互联网金融作为互联网技术与金融市场的结合，互联网金融的发展离不开互联网的发展，因此选取互联网发展水平作为影响因素进行分析。本章选取互联网普及率、宽带用户增长率、安徽省信息化指数三个指标反映安徽省农村地区互联网水平。当互联网普及率、宽带用户增长率、安徽省信息化指数这三个指标的数值增加时，会促进互联网发展水平提高，因此以上三个指标均为正向指标。

（二）农村地区经济基础

安徽省农村地区经济基础是互联网金融在农村地区发展的基石，良好的经济基础可以促进互联网金融的发展。本节选取安徽省农村人均纯收入、农业总产值、GDP 增长率作为反映农村地区经济基础的指标。当居民家庭人均纯收入、农业总产值、GDP 增长率增加时，表示农村地区人民生活富足，有足够的经济实力与精力使用互联网，从需求角度促进互联网金融的发展，因此以上三个指标均为正向指标。

（三）金融市场活力

农村地区互联网金融发展离不开金融市场，金融市场的主体包括交易者与金融机构，金融市场活力主要从金融机构角度考虑，交易者情况由网民特征反映。金融机构主要选取 P2P 和银行两大涉农金融机构。指标订立情况：P2P 平台涉农贷款增长率、银行涉农贷款增长率、银行理财产品发行总额。其中银行涉农贷款增长率和银行理财产品发行总额的增加表明资金投入互联网金融机构的就会相对减少，因此上述两个指标为负项指标。P2P 平台作为互联网金融平台，因此，P2P 平台涉农贷款增长率为正向指标。

（四）网民特征

根据《中国互联网发展状况统计报告》显示互联网金融的发展与网民的学历、年龄、收入有一定关系，因此，指标选取 40 岁以下的网民数、月收入三千至五千的网民数、大专及以上学历的网民数为研究指标。40 岁以下、月收入三千至五千、大专及以上学历分别代表的是中青年群体、中层收入群体以及具备一定知识素养的群体。以上三个群体对互联网金融的接受程度更高，因此这三个指标为正向指标。

（五）发展潜力

发展潜力指标主要研究各地创新资金的投入以及在互联网金融领域创新的潜力。由于农村地区缺乏互联网金融创新意识，因此农村地区的数据难以获得。而在省级层面，会有大量人才以及资金投入互联网金融的研究当中，并且安徽省的研究成果也会使农村地区得以应用。因此，发展潜力数据主要以省级为主，选取的指标为安徽省技术创新指数、科技研究经费支出增长率，以上两个指标为正向指标。

（六）政策环境

政策环境指标反映国家政策对于安徽省农村地区互联网金融发展的影响，但是政策难以通过定量分析，因此采用模糊数学的方法对其进行量化处理，{严、一般、松} = {1、2、3}。2014 年，互联网金融监管首次出现在《政府工作报告》中，自 2014 年起，互联网金融的监管连续五年在《政府工作报告》中呈现。由 2014 年的“完善监管”到 2015 年的“促进互联网金融健康发展”到 2016 年的“整顿规范”、2017 年的“高度警惕”，表明政策环境越来越严。因此 2014 年之前可以认为监管程度松，2014—2015 两年认为监管程度一般，2016—2017 年认为监管程度严。监管环境宽松意味着互联网金融机构的发展不受约束，能够不断开发新的互联网金融产品，有利于互联网金融的发展，反之亦然，指标体系的建立见表 6 - 2 所列。

表 6 - 2 指标体系的建立

目标	一级指标		二级指标		单位
互联网金融	互联网发展水平	Y_1	互联网普及率	X_1	%
			宽带用户增长率	X_2	%
			安徽省信息化指数	X_3	
	农村地区经济基础	Y_2	农村人均纯收入	X_4	元
			农业总产值	X_5	亿元
			GDP 增长率	X_6	%
	金融市场活力	$Y3$	*P2P* 平台涉农贷款增长率	X_7	%
			银行涉农贷款增长率	X_8	%
			银行理财产品发行总额	X_9	亿元
	网民特征	Y_4	40 岁以下的网民数	X_{10}	万人
			月收入三千至五千的网民数	X_{11}	万人
			大专及以上学历的网民数	X_{12}	万人
	发展潜力	Y_5	安徽省技术创新指数	X_{13}	
			科技研究经费支出增长率	X_{14}	%
	政策	Y_6	政策环境	X_{15}	

二、实证分析

上一节根据安徽省农村互联网金融发展的实际情况进行指标选取，本节采用熵值法定量研究互联网金融发展的影响因素。熵值法是由德国物理学家 Clausius 于 19 世纪 50 年代正式提出，该方法是一种客观的赋权方法，根据某项指标的相对离散程度对整体的影响来决定指标的权重，简单来说就是用熵值的大小确定权重。这一方法主要用于衡量离散程度，当评价体系中某指标的离散程度越高，说明该指标所含的信息量越大，对系统综合评价的影响力越大，熵值越小。这一方法被广泛应用于经济学、统计学、会计学、社会学等众多领域，具有较强的精确度与可信度。

（一）数据来源

考虑到数据的时效性和可得性，本节以 2010 年为研究起点，考察到 2017 年，以年度作为研究周期，共八组样本数据，每组涉及 15 个指标。安徽省农村地区互联网普及率、宽带用户增长率、安徽省信息化指数的数据来源于安徽省政府工作报告、《安徽科技统计年鉴》、《安徽信息年鉴》、安徽省互联网金融协会；P2P 平台涉农贷款增长率数据来源第一网贷，安徽省技术创新指数来源于工信部下辖研究所发布的官方数据、《中国信息化发展水平评估报告》、《安徽省科技统计公报》；40 岁以下的网民数、月收入三千至五千的网民数、大专及以上学历的网民数来源于安徽省人民政府金融工作办公室、安徽互联网金融家；科技研究经费支出增长率、农村人均纯收入、农业总产值、农村 GDP 增长率、银行涉农贷款增长率、银行理财产品发行总额数据来源于安徽省统计局、安徽省金融运行报告、《安徽省国民经济和社会发展统计公报》。

（二）模型设定

由第一节的指标选取可知，安徽省农村互联网金融的发展受到农村地区经济基础因素、金融市场活力、政策环境因素、网民特征因素、发展潜力因素共 6 个因素的共同影响。本节通过构建评价体系，对各个影响因素的重要性通过权重进行衡量，权重高的表明该指标的相对变化程度对系统整体影响较大，反之亦然。熵值法可以从较少的数据信息中提取发展规律，并且熵值法具有较强的客观性和准确性，所以本书选用熵值法对安徽省农村互联网金融的影响因素进行实证分析。

设有 m 个待评方案，n 项评价指标，形成原始指标数据矩阵 $\boldsymbol{X}=(x_{ij})_{m\times n}$，$\boldsymbol{X}=\begin{pmatrix} X_{11} & \cdots & X_{1m} \\ \vdots & \cdots & \vdots \\ X_{n1} & \cdots & X_{nm} \end{pmatrix}_{n\times m}$，其中 x_{ij} 为第 i 个方案的第 j 个指标数值。

由于指标之间的量级并不统一，因此在进行实证研究之前，需要进行标准化处理。第一步，需对指标取绝对值，令 $X_{ij}=|X_{ij}|$；第二步，根据熵值法的计算规则，正向指标与负向指标拥有不同的算法。

正向指标：

$$X'_{ij}=\frac{X_{ij}-\min(X_{1j},X_{2j},X_{3j},\cdots X_{nj})}{\max(X_{1j},X_{2j},\cdots X_{nj})-\min(X_{1j},X_{2j},\cdots X_{nj})},$$

$$i=1,2,\cdots,15;\ j=1,2,\cdots,8 \tag{6-1}$$

负向指标：

$$X'_{ij}=\frac{\max(X_{1j},X_{2j},\cdots X_{nj})-X_{ij}}{\max(X_{1j},X_{2j},\cdots X_{nj})-\min(X_{1j},X_{2j},\cdots X_{nj})},$$

$$i=1,2,\cdots,15;\ j=1,2,\cdots,8 \tag{6-2}$$

数据经过标准化处理后，可利用熵值法的计算公式计算熵值数，令 e_j 为第 j 个指标的熵值，用来反映第 j 个指标的信息。具体计算方法如下：

$$P_{ij}=\frac{X_{ij}}{\sum_{i=1}^{n}X_{ij}},\ j=1,2,\cdots,m,\ e_j\geqslant 0 \tag{6-3}$$

$$e_j=-k^{*}\sum_{i=1}^{n}p_{ij}\ln(p_{ij}),\ k>0,\ \text{通常令}\ k=\frac{1}{\ln m},\ m\ \text{为年份} \tag{6-4}$$

影响因素较多，所以哪几个为主要的影响因素不得而知。因此，需要进行影响因素的权重 W_j 计算。首先要进行差异度 g_j 计算，差异度 g_j 的值越大，表明差异越小，对因变量的影响程度就越低，当 $e_j = e_{max} = 1$ 时，x_j 对于因变量完全没有影响。具体计算方法如下：

$$g_j = 1 - e_j \quad (6-5)$$

$$W_j = \frac{g_j}{\sum_{j=1}^{m} g_j}, \ j = 1, 2, \cdots, m \quad (6-6)$$

权重越大，表明该指标的影响力越大，应被重点关注，反之亦然。

最后，根据权重计算最终得分 $Z_i = \sum_{j=1}^{n} W_j W_{ij}$，其中 Z_i 表示最终得分，W_j 表示第 j 项指标的权重大小，W_{ij} 表示第 i 个样本第 j 项指标在整体样本第 j 项指标中所占比例。

(三) 计算过程

1. 原始数据编码

原始数据编码实质上是对数据进行命名。在本章的研究中，共 15 项指标，样本区间从 2010 年至 2017 年，共八年。用 m 表示年份，n 表示评价指标，那么初始矩阵 $\boldsymbol{X} = (x_{ij})_{15 \times 8}$。

2. 数据的标准化处理

本章共涉及 15 个指标，指标之间的量纲不同，为了便于分析比较，将对原始数据进行标准化处理。原始数据的描述性统计见表 6-3 所列。

表 6-3　原始数据的描述性统计

变量	最小值	最大值	平均值	标准差	观测值
X_1	0.14	0.30	0.19	0.16	8
X_2	0.09	1.19	0.45	0.28	8
X_3	15.30	37.15	19.21	13.27	8
X_4	5207.50	8097.89	6371.94	1119.85	8

（续表）

变量	最小值	最大值	平均值	标准差	观测值
X_5	1197.89	3034.83	2413.68	794.89	8
X_6	0.05	0.11	0.63	0.02	8
X_7	0.22	1.82	0.67	0.96	8
X_8	0.07	0.28	0.10	0.06	8
X_9	0.03	16.73	3.28	14.19	8
X_{10}	51.73	179.56	103.75	87.16	8
X_{11}	432.98	937.31	579.62	231.87	8
X_{12}	62.51	157.70	97.28	120.26	8
X_{13}	60.75	81.23	63.98	11.35	8
X_{14}	0.257	1.731	0.473	0.212	8
X_{15}	1.00	3.00	2.57	0.51	8

3. 熵值的确立

数据经过标准化处理后，可利用熵值法的计算公式（6－3）与计算公式（6－4），计算指标的熵值（表 6－4）。

表 6－4 安徽省农村互联网金融二级指标熵值

二级指标	熵值
X_1	0.83517
X_2	0.75612
X_3	0.79210
X_4	0.86051
X_5	0.83271
X_6	0.77817
X_7	0.72930
X_8	0.91614
X_9	0.82617
X_{10}	0.88193

（续表）

二级指标	熵值
X_{11}	0.73646
X_{12}	0.91349
X_{13}	0.85035
X_{14}	0.80986
X_{15}	0.78653

4. 权重的确立

由于影响安徽省农村互联网金融的影响因素较多，所以哪几个为主要的影响因素不得而知。因此，需要进行权重 W_j 的计算（表 6-5）。

表 6-5 安徽省农村互联网金融指标权重

一级指标	权重	二级指标	权重
Y_1	0.28377	X_1	0.07127
		X_2	0.09385
		X_3	0.08706
Y_2	0.21915	X_4	0.06802
		X_5	0.05489
		X_6	0.07913
Y_3	0.17329	X_7	0.07268
		X_8	0.05271
		X_9	0.04706
Y_4	0.26524	X_{10}	0.06375
		X_{11}	0.07929
		X_{12}	0.04781
Y_5	0.20358	X_{13}	0.06532
		X_{14}	0.07511
Y_6	0.08349	X_{15}	0.08349

另外，根据表 6-5 安徽省农村互联网金融指标权重，还可以看出：

（1）一级指标中对安徽省农村互联网金融影响由高到低的排序为：互联网发展水平因素（0.28377）、网民特征因素（0.26524）、农村地区经济基础因素（0.21915）、发展潜力因素（0.20358）、金融市场活力（0.17329）、政策因素（0.08349）。

（2）二级指标前五的排序为：农村地区宽带用户增长率（0.09385）、安徽省信息化指数（0.08706）、政策指标（0.08349）、月收入三千至五千的网民数（0.07929）、GDP 增长率（0.07913）。而大专及以上学历的网民数（0.04781）、银行理财产品发行总额（0.04706）两个指标对安徽省农村互联网金融发展的影响程度较小。

5. 模型结果

根据表 6－5 可以得出影响因素、衡量指标与安徽省农村互联网金融发展的相关关系，Z 表示安徽省农村互联网金融的发展指数，Y_i（$i=1$，2，…，6）表示影响因素，X_i（$i=1$，2，…，12）表示衡量指标。

$$\begin{aligned} Z =& 0.28377Y_1 + 0.21915Y_2 + 0.17329Y_3 \\ & + 0.26524Y_4 + 0.20358Y_5 + 0.08349Y_6 \end{aligned} \qquad (6-7)$$

$$\begin{aligned} Z =& 0.07127X_1 + 0.09385X_2 + 0.08706X_3 + 0.06802X_4 \\ & + 0.05489X_5 + 0.04913X_6 + 0.06218X_7 + 0.03271X_8 \\ & + 0.04706X_9 + 0.06375X_{10} + 0.07929X_{11} + 0.04781X_{12} \\ & + 0.08532X_{13} + 0.75110X_{14} + 0.08349X_{15} \end{aligned} \qquad (6-8)$$

三、结果分析

（一）互联网金融发展指数

互联网金融发展指数衡量安徽省农村互联网金融的发展水平，具体做法如下：

将标准化处理后的数据带入公式（6－7）、公式（6－8），计算出互联网金融发展指数、各影响因素的综合分值。安徽省农村地区互联网金融得分由 2010 年的 0.411 分上升至 2017 年的 0.646 分。表明安徽省农村互联网在 2010 年至 2017 年得到了长足的发展。安徽省农村互联网金融发展状况如图 6－9 所示。

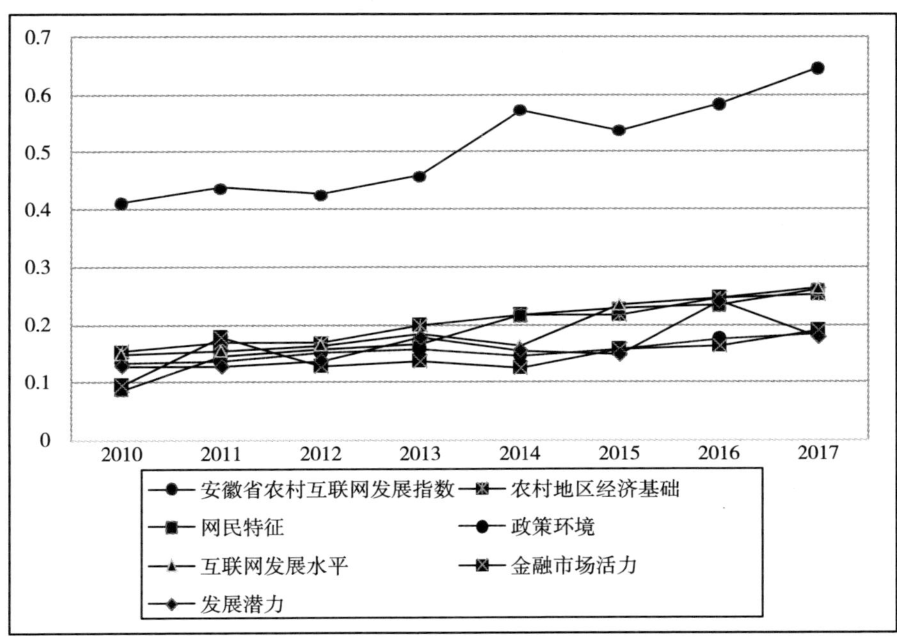

图 6－9　安徽省农村互联网金融发展状况

根据图 6－9 可以发现 2010 年至 2013 年，安徽省农村互联网金融得分相对偏低且带有轻微的波动，产生此种现象的原因可能是农村地区经济基础较为薄弱，且网民对于互联网金融的需求较少；2013 年至 2014 年，安徽省农村互联网金融得分进入上升期，原因可能有以下三个方面：①农村地区经济呈现增长的态势；②互联网发展水平快速提升；③网民特征中的年龄、学历、月工资的发展趋势有利于安徽省农村互联网金融的发展。2014 年至 2015 年，安徽省农村互联网金融得分有所回落，政策环境是产生这种现状的主要原因，自 2014 年起，安徽省政府开始注重互联网金融监管制度的建立。2015 年至 2017 年，安徽省农村互联网金融得分逐步上升至 0.646 分，得益于互联网发展水平的不断提升，网民对互联网金融的需求不断增加。

（二）影响因素贡献度

各影响因素得分的高低反映其对安徽省农村互联网金融发展的贡献程度，根据计算结果可知 2010 年至 2017 年，每一年的影响因素的得分排序都不尽相同，见表 6－6 所列。

表 6-6 影响因素得分排序

年份	第一	第二	第三	第四	第五	第六
2010	农村地区经济基础	环境政策	金融市场活力	互联网发展水平	发展潜力	网民特征
2011	金融市场活力	政策环境	农村地区经济基础	互联网发展水平	网民特征	发展潜力
2012	农村地区经济基础	互联网发展水平	网民特征	政策环境	发展潜力	金融市场活力
2013	农村地区经济基础	互联网发展水平	发展潜力	网民特征	政策环境	金融市场活力
2014	互联网发展水平	网民特征	农村地区经济基础	发展潜力	政策环境	金融市场活力
2015	互联网发展水平	农村地区经济基础	网民特征	政策环境	发展潜力	金融市场活力
2016	互联网发展水平	农村地区经济基础	网民特征	发展潜力	金融市场活力	政策环境
2017	网民特征	互联网发展水平	农村地区经济基础	发展潜力	金融市场活力	政策环境

根据表 6-6 可知：2010—2011 年，农村地区经济基础、政策环境、金融市场活力作为排名前三的影响因素，为安徽省农村互联网金融发展提供了强有力的推动作用；2014—2016 年，互联网发展水平因素成为影响安徽省农村互联网金融发展的首要因素；2017 年，网民特征成为影响安徽省农村互联网金融发展的首要因素；2015—2017 年，互联网发展水平、农村地区经济基础、网民特征成为排名前三的影响因素。

（三）指标贡献度

各指标得分的高低反映其对安徽省农村互联网金融发展的贡献程度，根据计算结果可知 2010 年至 2017 年，每一年的指标得分的排序都不尽相同，见表 6-7 所列（前五位）。

表 6-7　指标得分次序（前五位）

年份	第一	第二	第三	第四	第五
2010	X_{15}	X_6	X_1	X_9	X_{14}
2011	X_7	X_6	X_1	X_{15}	X_{11}
2012	X_6	X_1	X_{11}	X_{15}	X_{13}
2013	X_4	X_1	X_{14}	X_{11}	X_{15}
2014	X_2	X_{11}	X_5	X_9	X_{14}
2015	X_2	X_6	X_{11}	X_{10}	X_{14}
2016	X_2	X_5	X_9	X_{13}	X_7
2017	X_{10}	X_2	X_9	X_{13}	X_7

从表 6-7 可知：

（1）2010—2012 年、2015 年，农村地区经济基础因素中的农村地区 GDP 增长率指标一直处于排序的前两位；2013 年农村地区经济基础因素中的农村人均纯收入指标排名第一，说明农村地区的经济基础对农村互联网金融的发展起到至关重要的作用，加强农村地区的经济建设，有利于发展安徽省农村互联网金融。

（2）2010—2013 年，互联网普及率指标一直处于前三的位置；2014—2017 年宽带用户增长率处于前二的位置，说明互联网自身的不断发展能够积极促进安徽省农村互联网金融的建设进程。

（3）2011—2015 年，月收入三千至五千这一指标一直处于前五的位置，说明三千至五千这一收入阶层的网民是推动农村互联网金融发展的主体力量。

第七章 安徽农村普惠金融发展典型案例分析

一、引言

为缓解农村贫困，20世纪70年代末以来，中国加大了扶贫开发力度，实施了一系列的扶贫政策，采取了多种扶贫措施，再加上农村最低生活保障制度的全面建立，扶贫工作进入了开发与救助两轮驱动的新阶段。同时，农村扶贫手段和方式，也从最初的救济性补贴式扶贫转向可持续的开发性金融扶贫。即通过金融方式支持农村贫困群体创业和发展产业，培育贫困群体的自我可持续的造血机制，实现收入的可持续，进而彻底摆脱贫困。

我国有832个贫困县，12.8万个贫困村（2014年），根据国家设定的贫困标准，2013年共有8962.5万建档立卡贫困人口。“扶贫摘帽”是贫困地区地方政府其中最为重要的一项任务，即减少贫困人群数量、帮助贫困人群脱贫。政府小额贴息贷款是一种重要的金融扶贫方式，该政策大多要求贷款资金必须用于发展生产。但在实际运作中，有些贫困农户即使符合贴息贷款政策，也无法“合理”地运用贴息贷款，比如，有些贫困农户暂时不想创业；有些农户不懂种养/其他生产技术；有些农户年龄较大，或身体健康程度不允许从事投入精力较大的创业生产中；有些农户的生活居住环境较差（饮水、通电问题尚未解决），缺少创业生产的自然条件。

农业产业是“弱势”产业，其“弱势”主要表现在农业产业不仅要面临自然风险，而且同时要面临市场风险。贫困地区大多自然条件不利于大规模农业运作与生产，许多中小农户发展种养殖“靠天吃饭”，缺少现代生产技术与技能，造成种植产量相对较低、养殖禽畜死亡率相对较高。在这种状况下，中小农户独立发展种养业缺少必要条件。贫困地区农户受制于地理自然条件相对恶劣，从事各类生产的规模相对较小，经济水平相对更加薄弱，且绝大多数农户缺少符合传统抵押担保条件的物品，或具有稳定现金流收入的证明，这种融资条件对于金融机构放贷来说是一种两难选择：若发生风险，农户无法还贷，则金融机构面临损失；若金融机构不放贷农户，则中小农户，尤其是贫困地区的农户可能无法脱贫，或再次返贫。

为使得上述这些农户也能早日脱贫，而又不违背小额贴息贷款使用的规定，地方从实践中探索出一种“户贷企用”的新模式。然而，这种模式轰烈展开不久，即被安徽省政府叫停。本次调研以安徽省萧县作为户贷企用的分析案例，深入探讨分析这一金融精准扶贫模式的运作与弊病。

二、萧县扶贫工作概况

萧县位于安徽省最北部，苏、鲁、豫、皖四省交界处，总面积1885平方公里，全县总人口41.46万户139.59万人，农村人口33.6万户、125.45万人。耕地面积99678公顷，林地面积68429.7公顷，全县辖23个乡（镇），1个省级经济开发区，265个行政村。2017年，全县地区生产总值269.97亿元，增长9.5％；财政收入23.4亿元，增长17％；固定资产投资334.7亿元，增长17％；社会消费品零售总额100.36亿元，增长12.1％；城镇和农村常住居民人均可支配收入分别为22298元和10789元，分别增长8.6％和9.5％。

萧县是国家级扶贫开发重点县、安徽省深度贫困县，全县贫困人口9.64万户、21.29万人（2014年）。为此，萧县政府立足全县实际，确定25项脱贫攻坚重点工程，主要包括：产业扶贫、扶贫工厂（场）建设、光伏扶贫、电商扶贫、乡村旅游扶贫、扶贫小额信贷、就业扶贫、教育扶贫、健康扶贫、住房保障、易地搬迁、兜底保障、基础设施建设等。

2017年，萧县共投入财政专项扶贫资金28576万元，其中，中央专项扶贫资金11278.3万元，省级专项扶贫资金4340.5万元，市级专项扶贫资金2691.3万元，安排县级专项扶贫资金10265.9万元，占地方财政收入增量的 189%。统筹整合涉农资金 78677.7 万元，其中，中央资金 31834.3 万元，省级资金 13326.1 万元，市县级资金 33517.3 万元，主要来源于林业改革资金、农村综合改革转移支付、一事一议、财政奖补资金等 18 个方面。2017 年，已整合资金实际支出 74215.4 万元，实际支出资金占计划整合资金的 94.33%。

从工作的进展来看，萧县扶贫成果显著，2017 年出列贫困村 27 个，脱贫 22239 户 42525 人；全县贫困人口降至 2.458 万户 4.4212 万人，贫困村由 87 个降至 30 个，贫困发生率由 16.97%降至 3.52%。

三、萧县“分贷统还”金融扶贫小额信贷模式分析

扶贫小额信贷是在金融精准扶贫的政策背景下，由萧县金融办、县扶贫局，以及各家金融机构于 2017 年初展开的。

为深入贯彻党中央、国务院和省委省政府关于实施精准扶贫、精准脱贫的决策部署，帮助无生产项目的贫困户脱贫，有效解决其增收难题，萧县政府根据《中共安徽省委安徽省人民政府关于坚决打赢脱贫攻坚战的决定》（皖发〔2015〕26 号）、《安徽省人民政府办公厅关于深入推进扶贫小额信贷工作的实施意见》（皖政办〔2017〕36 号）、《安徽省人民政府办公厅印发关于财政支持脱贫攻坚实施意见等两个脱贫攻坚配套文件的通知》（皖政办〔2016〕8 号）、《宿州市人民政府办公室关于印发特色种养业扶贫工程实施意见等五个脱贫攻坚配套文件的通知》（宿政办〔2016〕13 号）和《宿州市金融精准扶贫实施办法》宿政办秘〔2017〕59 号文件精神，出台了《萧县金融精准扶贫实施办法（试行）》。

根据《萧县金融精准扶贫实施办法（试行）》，金融支持精准扶贫是指：对建档立卡的贫困户办理扶贫小额信用贷款，用于贫困户自主创业生产经营。贫困户也可将贷款资金以“委托代理经营”的方式将贷款资金委托有生产经营能力的企业（包含农业产业化龙头企业、农民合作社、家庭农场、专业大户等新型农业经营主体）进行管理运营，其中对新型农业经营主体贫困户可以通过带资入股的形式获得固定收益的分红。企业定期向贫困户支付经营收益，增加贫困户收入，贷款

到期后由企业统一偿还贷款本金，即“分贷统还”模式，实现收益共享，从而带动贫困户精准脱贫。

（一）“分贷统还”融扶贫小额信贷模式特点

“分贷统还”金融扶贫小额信贷是以扶贫小额贷款入股分红“户贷企用”合作经营脱贫的方式开展的，在企业经营过程中，政府对其经营过程中的一些基本设施提供支持，银行向贫困户发放扶贫小额贷款，贫困户将所得小额贷款作为对企业的入股资金，成为企业股东，参与其生产经营，而企业以每年年底高于6%的固定的保底收益作为对贫困户的回报。一般大型企业会挂靠上千名贫困户，所得贷款资金高达数千万。

“分贷统还”金融扶贫小额信贷也称“政府＋银行＋企业＋贫困户”模式，该模式的主要特点是：将扶贫小额贷款固定收益转化为贷款保底股分红方式，项目经营与贫困户的收益直接挂钩，增强了对贫困户劳动增收脱贫的政策引导。

（二）“分贷统还”金融扶贫小额信贷原则

“分贷统还”金融扶贫小额信贷以鼓励创新、群众自愿、确保收益为原则。其中，鼓励创新，即要创新放贷模式，优化贴息流程。

群众自愿，即总体上遵从贫困户自愿原则，对贫困户申请小额信用贷款的，用于自主创业生产经营的，要以贫困户为实施主体，确保贫困户“贷的好、用的好、收益好”。

确保收益，即对采取“分贷统还”模式的，要谨慎考量合作企业的经营能力，严格评估企业稳定性及盈利能力，权衡风险敞口，确保贫困户的资金不受到损失。同时做到贫困户利益与企业利益兼顾。

（三）“分贷统还”金融扶贫小额信贷的运作机制

所谓“分贷统还”，是针对暂时无创业意愿，或缺少必备创业生产技术，缺乏农业生产创业条件的建档立卡贫困农户，地方政府将其可获得的扶贫贴息贷款用于投资相关生产产业，使农户通过投资股权而获取股金分红收益，最终实现助其脱贫目的的一种模式。“分贷统还”主要由地方政府扶贫部门牵头主导，金融机构、相关企业等机构共同参与，在运作上具有以下特点：

（1）确定委托经营企业的资质标准。委托经营企业的选择采取地方企业申请并提交相关申请材料，交由地方扶贫部门审核，审核符合标准的企业才具有委托经营的资质。

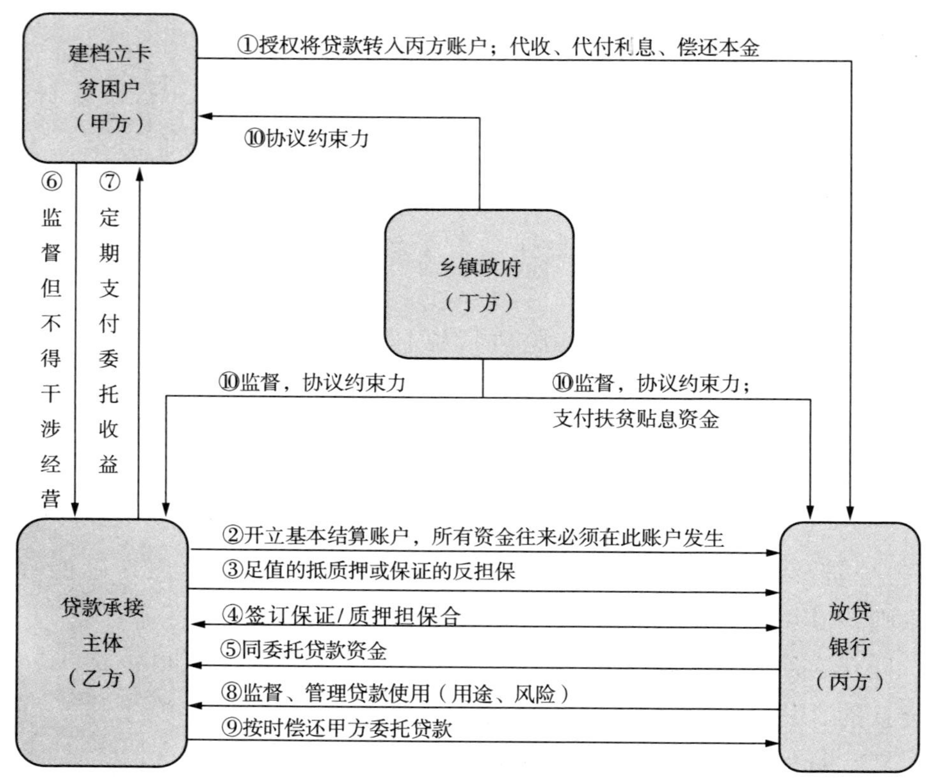

图 7-1 扶贫小额贷款“委托经营”运作模式图

（2）选择参与委托经营的农户。萧县在对建档立卡贫困户评级授信的基础上，地方扶贫部门制定标准，选择不具备创业能力的农户作为“委托经营”扶贫对象，并结合农户就近原则和委托经营企业还款能力评估，将农户与企业“挂靠”。

（3）选择贷款承接主体银行。样本县域大都与农商行合作，由农商行作为承接扶贫贴息贷款的合作方，农商行将到位的资金通过农户账户转给委托经营企业。但都安县的做法略有不同，农商行并不将资金转给委托经营企业，而是转给扶贫办下属部门扶贫攻坚指挥部的账户，由扶贫攻坚指挥部根据委托经营企业项目的进展和资金需求分阶段划拨给企业。

（4）地方政府部门承担委托经营模式中所有的涉及方的监督与管理，在四方签订委托经营协议时，地方政府部门具有协议约束力和强制执行权。

（四）“分贷统还”金融扶贫小额信贷的参与方

（1）贷款对象。对建档立卡贫困户作为承贷主体（对因无劳动能力或贫困户年龄超过60周岁的，经推荐审核后，承办金融机构应当放宽贷款准入条件）。承办金融机构要积极与各乡（镇）政府、县扶贫局对接。县扶贫局负责提供符合扶贫小额信用贷款条件的贫困户清单，清单内建档立卡贫困户为具体服务对象。

（2）筛选出合作企业。承办金融机构对有带动贫困户脱贫意愿的合作企业进行调查，初步选定后报送县金融办，由县金融办牵头成立评审小组进行评估，评审小组由县经信委、县国税局、县地税局、县环保局、企业所在园区、人民银行萧县支行、县市场监督管理局、县安监局、县法制办组成（县环保局和县安监局享有一票否决权）。

（3）合作企业准入。承办贷款金融机构会同县扶贫局形成调查报告，调查报告中应包含合作企业的历史沿革，经营状况，财务状况，未来前景，可能面临的风险及应对策略，以及贫困户人员基本信息，致贫原因，带来的扶贫效果等内容。并将调研报告报县金融支持产业精准扶贫领导小组进行审批。审批采用票决制，领导小组成员单位对项目审批进行投票表决，确定合作企业和合作额度。贫困户选择与已准入的企业确定合作关系，并与企业签订委托代理经营协议或带资入股协议，贫困户按需申请扶贫小额信用贷款。

（五）“分贷统还”金融扶贫小额信贷贷款流程及政策

（1）扶贫小额信用贷款按照金融机构相关贷款程序与承办金融机构签订《借款合同》。

（2）“分贷统还”扶贫小额贷款由领导小组组织贫困户、企业、金融机构、扶贫部门签订《萧县贫困户扶贫小额信贷“贫困户＋企业”合作协议》，明确各方权利和义务。

（3）承办贷款金融机构与符合贷款条件的建档立卡贫困户签订《借款合同》，合作企业与承办贷款金融机构签订《保证合同》，自愿为建档立卡贫困户贷款提供连带责任保证。

（4）贷款发放。承办贷款金融机构负责安排小额扶贫贷款审批、发放工作。

（5）收益政策。“分贷统还”扶贫小额贷款模式的合作企业每季度向建档立卡贫困户支付经营收益，具体数额应在《萧县贫困户扶贫小额信贷“贫困户＋企业”合作协议》中明确。

（6）贴息政策。县财政局安排财政资金每年给予贴息。贫困户因委托代理经营产生的相关税费统一由合作企业承担，合作企业按照与承办贷款金融机构的约定，按期结息，到期还本。经营收益产生的税费次月由合作企业向县财政局申请补贴。贷款到期收回后，承办贷款金融机构须对建档立卡贫困户申请扶贫贷款贴息给予必要协助，并会同县扶贫局、县财政局协调贴息事宜。扶贫小额信用贷款贴息参照该贴息政策执行。

（7）保险政策。对扶贫小额贷款建档立卡贫困户单个借款人；由县财政局支付 40 元/年的保费，最高赔偿金额为 5 万元。保障期限应当与扶贫小额贷款期限同步。承办金融机构将《扶贫小额信贷贫困户保险信息登记表》按要求填写后将汇总登记表报县扶贫局、财政局审核。县扶贫局将审核后的登记表提供给保险公司，保险公司审查无异议后，县扶贫局会同县财政局统一支付保险费，保险公司出具保险单。当借款人在保险期内发生意外伤害导致死亡、残疾时，保险公司应开通绿色理赔通道，按照保险单的相关条款规定进行理赔，并及时支付赔偿金。

（六）“分贷统还”金融扶贫小额信贷成效

“分贷统还”金融扶贫小额信贷已经在萧县 23 个乡镇及开发区全面开展，参与的商业银行包括：徽商银行、农业银行、农村商业银行、淮海村镇银行、合肥科技农商银行、工商银行、邮储银行、建设银行、中国银行。各家银行积极推进工作，进展如下：

徽商银行已发放贷款 1.93 亿元，带动贫困户 6236 户；农业银行已发放贷款7955万，带动贫困户2476户；农商银行已发放3.87亿元，带动贫困户8560户；淮海村镇银行已发放9957万元，带动贫困户2322户；合肥科技农商银行已发放2832万元，带动贫困户944户；工商银行发放150万元，带动贫困户50户；邮储银行已发放683万元，带动贫困户146户；建设银行通过贷款让利方式帮助白土镇和祖楼镇带动贫困户33户，共计3.96万元；中国银行通过贷款让利方式帮助祖楼镇带动贫困户100户，共计10万元。

参与的企业主要共有20家，其中，以萧县农村商业银行帮扶企业最多，包括萧县民基投资有限责任公司、萧县龙城西市电子商务创业园有限公司等9家企业。淮海村镇银行帮扶4家企业，徽商银行帮扶3家企业，此外还有中国农业银行和邮储银行、工商银行以及合肥科技农商行分别帮扶1家企业。

2017年12月31日，萧县已发放小额扶贫贷款7.96亿元，带动贫困户20867户，贫困户贷率为21.01%，贫困户获得公益岗位劳动收益4719.64万元。

四、结论

金融扶贫的精准性要求是新时期扶贫攻坚的重点，对于精准主要体现在三个方面：一是扶贫对象精准，即经过对建档立卡贫困户的筛选与核实，做到户有卡、村有册、乡有薄、县有信息平台。二是项目安排精准，即坚持问题导向，实事求是，因地制宜，根据贫困对象的不同情况安排了有针对性的项目。三是资金使用精准，即实现了资金专项专用，转资专审，专门专户，专人管理。

"分贷统还"扶贫小额贷款旨在通过借用企业的市场地位、管理能力和资信保障，在减轻金融机构贷款风险压力的同时，能够带动贫困户通过发展产业、劳务就业实现增收脱贫。但由于政策理解和监督管理不到位，全国的一些地区出现扶贫小额贷款停留在固定收益分配阶段，一旦银行贷款到期收回，这些本应由社会保障兜底脱贫的贫困户将面临收益中断进而返贫的问题。近日，安徽省政府叫停了"分贷统还"这种模式。

“分贷统还”在实际运作中存在如下问题：

（1）有效的信息共享平台尚未建立。从实际运作来看，政府部门的相关贫困信息并未与金融部门实现有效共享，金融机构不能及时掌握贫困户信息和扶贫项目信息，造成信息不对称，涉农金融机构有力使不出。

（2）合作经营脱贫的贷款资金承载主体严重短缺。萧县是宿州市第一大贫困县，县域经济发展水平较低，企业大多经济薄弱，大部分企业为小型企业，而“分贷统还”模式当中对企业各项指标经营情况、财务状况、未来前景等要求较高，满足这些条件的优质企业很少。因而，现实中，这一运作模式缺少足够的支撑。

（3）“分贷统还”模式类似“输血机制”而缺乏“造血功能”。“分贷统还”模式中每年补助的资金明显地增加了贫困户的生活收入，对于达到脱贫线的标准是有帮助的。然而，这种模式只是保障了农户短期内的收益，农户从根本上来说依旧缺少依靠自身脱贫的素质，一旦这种固定收益不再，则将再度面临返贫。

（4）基于行政手段的脱贫无法带动市场金融主体的参与积极性。政府行政力量要求市场金融主体参与其中，但贫困地区设施建设投入不足，金融基础设施落后，贫困户基本生存条件难以保障，还存在灾年返贫、因病返贫的情况；同时，合作企业资质水平不高。这就使得金融机构在承担在贫困户与企业签订协议或者两者筛选标准等方面均需要投入较多的人力、财力和物力的同时，还承担着较一般市场业务更高的风险，因而无法带动市场金融主体参与的积极性。

脱贫不能只靠政府补助，引导贫困户主动脱贫才是达到真正脱贫的重要途径。尽管萧县于2017年开展“分贷统还”扶贫小额信贷，在仅仅一年的时间内对贫困户、企业均起到了良好的成效，但是该模式却难再深入进行下去。

因此，总结分贷统还模式存在的弊病，在今后的扶贫工作深入开展中，金融精准扶贫应激活贫困户贷款有效需求，建立农村金融扶贫激励约束机制，丰富金融扶贫模式，完善风险补偿机制，加快金融扶贫队伍建设。

参考文献

[1] Leyshon and Thrift. Geographies of Financial Exclusion：Financial Abandonment in Britain and the United States [J] . *Transaction of the Institute of British Geographers*，1995 (3)；321－341.

[2] Akerlof，George. The market for Lemons：Quality Uncertainty and Market Mechanism [J] Quarterly Journal of Economics，84 (7)，1970，PP：488－500.

[3] Alina B. Start－up financing sources：does gender matter? Some evidence for EU and Romania [J] . *The Annaals Of The University Of Oradea*，2011：207.

[4] Allen F.. Santomero A. M. 2008. The Theory of Financial Intermediation [J] . *Journal of Banking & Finance*，21 (11)：1461－1485.

[5] AllenMc Andrew P. E－Finance：An Introduction [J]，Journal of Financial Services Research，2001，22 (1－2)：5－27

[6] Anderson J. andMarkides C.，Strategic innovation at the base of the pyramid [J] . MIT Sloan Management Review，49 (1)，2007，pp：83－88.

[7] Ashta，A，Assadi D. Do Social Cause and Social Technology meet? Impact of Web 2.0 Technologies on per－to－peer lending transactions. 2010

[8] Berger&Udell. Small Business Credit Availability and Relationship Lending：The Importance of Bank Organizational Structure [M] . *Economic Jouma*1，2002.

[9] Ehrbeck E，Pickens M，Tarazi M. Financially Inclusive Ecosystems：The Roles of Government Today [R] . Washington，D. C.：CGAP，2012，4：1－4

[10] Engle，Robert F，Granger C. Co－integration and error correction：representation，estimation and testing [J] . econmimetrica，1987 (55)：251－276

[11] Hulme，M. K. W. C. Internet Based Social Lending：Past，Present and Future. Journal of Women s Health . 2006

[12] Miller，K and Jones. A framework for integrated risk management in international business，*Journal of International Conference*，2010. Enschede，Holland，25 － 27 March，577－595.

[13] Miranda. M.，Glauber. J. W. System Risk，Reinsurance，and the failure of Crop Insurance Markets [J] . American Journal of Agriculture Economics，1997，79 (1)：206－215.

[14] Stiglitz J. E. and Weiss A. Credit Rationing in Markets with Imperfect Information，

American Economic Review ，1981. 73（3）：393－410.

［15］Subrahmanyan S. J and Tomas Gomez－Arias，Integrated approach to understanding consumer behavior at bottom of pyramid［J］. Journal of Consumer Marketing，25（7）. 2008：402－412.

［16］Thomas C. Glaessner and Daniela Klingebiel. Electronic Finance：A New Approach to Financial Sector Development?［M］. Washington，D. C.：*The World Bank*，2002

［17］Xie P，Zou CW. The Theory of Internet Finance［J］China Economis，2013，8（2）：18－26

［18］曹晓兰．我国小额保险的经济学分析［J］．保险研究，2009，（6）：33－36.

［19］陈啸．普惠金融、关系型借贷与农村中小企业融资［J］．经济问题，2017（04）：65－69.

［20］丁少群．政策性农业保险经营技术障碍与巨灾风险分散机制研究［J］．保险研究，2011，（06）：56－62.

［21］董晓林，张晓艳，杨小丽．金融机构规模、贷款技术与农村小微企业信贷可得性［J］．农业技术经济，2014（08）：100－107.

［22］杜晓山．小额信贷的发展与普惠性金融体系框架［J］．中国农村经济，2006（8）．

［23］费雷德里克·米什金，斯坦利·埃金斯金融市场与机构［M］中国人民大学出版社，2007（4）．

［24］冯文丽．我国农业保险市场失灵与制度供给［J］．金融研究，2004，（4）：124－129.

［25］高鸿业．西方经济学（微观部分）［M］．北京：中国人民大学出版社，2011：334－339.

［26］高峁嫣．农村互联网金融发展研究［J］．农村金融研究，2016（12）：55－58.

［27］龚明华．互联网金融：特点、影响与风险防范［J］．新金融，2014（02）：8－10.

［28］郭娜．政府？市场？谁更有效——中小企业融资难解决机制有效性研究［J］．金融研究，2013（03）：194－206.

［29］何广文．中国农村金融供给特征及均衡供求的路径选择［J］．中国农村经济，2001（10）．

［30］何韧，刘兵勇，王婧婧．银企关系、制度环境与中小微企业信贷可得性［J］．金融研究，2012（11）：103－115.

［31］胡枫，陈玉宇．社会网络与农户借贷行为——来自中国家庭动态跟踪调查（CFPS）的证据［J］．金融研究，2012（12）．

［32］黄旭，兰秋颖，谢尔曼．互联网金融发展解析及竞争推演［J］．金融论坛，2013（12）：3－11.

［33］霍学喜，屈小博．西部传统农业区域农户资金借贷需求与供给分析——对陕西渭北地区农户资金借贷的调查与思考［J］．中国农村经济，2005（12）：58－67.

［34］霍源源，冯宗宪，柳春．抵押担保条件对小微企业贷款利率影响效应分析——基于双边随机前沿模型的实证研究［J］．金融研究，2015（09）：112－127.

［35］姜会飞．农业保险费率和保费的计算方法研究［J］．中国农业大学学报，2009，14（6）：

109 - 117.

[36] 焦瑾璞，黄亭亭．中国普惠金融发展进程及实证研究［J］．上海金融 2015（04）：23 -27.

[37] 焦瑾璞．构建普惠金融体系的重要性［J］．中国金融，2010（10）：12 - 13.

[38] 焦瑾璞．我国农村金融服务现状及发展建议［J］．中国党政干部论坛，2006（06）：11 -14.

[39] 金烨，李宏彬．非正规金融与农户借贷行为［J］．金融研究，2009（4）．

[40] 李华民，吴非．谁在为小微企业融资：一个经济解释［J］．财贸经济，2015（05）：48 -58.

[41] 李军．农业保险的性质、立法原则及发展思路［J］．中国农村经济，1996，（1）：55 -59.

[42] 李锐，李超．农户借贷行为和偏好的计量分析［J］．中国农村经济，2007（8）．

[43] 李锐，李宁辉．农户借贷行为及其福利效果分析［J］．经济研究，2004（12）．

[44] 李涛，徐翔．普惠金融与经济增长［J］．金融研究，2016，(04)：1 - 16.

[45] 李晓明，何宗干．传统农区农户借贷行为的实证分析——基于安徽省农户借贷行为的调查［J］．农业经济问题，2006（6）．

[46] 李延敏．不同类型农户借贷行为特征［J］．财经科学，2008（7）．

[47] 李忠，韩丽娟．基于普惠金融视角的农村家庭金融行为研究［J］．经济研究，2017（6）．

[48] 梁冰．我国中小企业发展及融资状况调查报告［J］．金融研究，2005（05）：120 - 138.

[49] 刘荣茂．农民对农业自然灾害和农业保险认知情况的调查分析［J］．农村经济，2006，(02)：71 - 74.

[50] 刘松林，杜辉．基于农户收入水平的借贷需求特征分析［J］．统计与决策，2010（8）．

[51] 刘新华，线文．我国中小企业融资理论述评［J］．经济学家，2005（02）：105 - 111.

[52] 刘新立．巨灾小额保险的国际经验及对中国的启示［J］．保险研究，2011，(09)：3 - 10.

[53] 吕劲松．关于中小企业融资难、融资贵问题的思考［J］．金融研究，2015（11）：115 -123.

[54] 马九杰，吴本健．互联网金融创新对农村金融普惠的作用：经验、前景与挑战［J］．农村金融研究，2014（08）：5 - 11.

[55] 麦金农．经济发展中的货币与资本［M］．北京：中国农业出版社，1999（01）．

[56] 曼昆．经济学原理［M］．梁小民，译．北京：北京大学出版社，2012.

[57] 米尔顿．弗里德曼．价格理论［M］．蔡继明，译．北京：华夏出版社，2012.

[58] 逄锦聚，洪银兴．政治经济学［M］．北京：高等教育出版社，2014.

[59] 乔海曙，吕慧敏．中国互联网金融理论研究最新进展［J］．金融论坛，2014（7）：24 -29.

[60] 史清华．农户经济增长与发展研究［M］．北京：中国金融出版社，1999（01）．

[61] 帅青红．电子支付与结算［M］．辽宁：东北财经大学出版社，2011（12）：32－37.
[62] 童馨乐，褚保金，杨向阳．社会资本对农户借贷行为影响的实证研究——基于八省 1003 个农户的调查数据［J］．金融研究，2011（8）：177－191.
[63] 庹国柱，王国军．中国农业保险与农村社会保障制度研究［M］．北京：首都经济贸易大学出版社，2002：77.
[64] 王芳．我国农村金融需求与农村金融制度：一个理论框架［J］．金融研究，2005（4）．
[65] 王婧，胡国晖．中国普惠金融的发展评价及影响因素分析［J］．金融论坛，2013（6）：31－36.
[66] 王倩，胡国晖．中国普惠金融的发展评价及影响因素分析［J］．金融论坛，2013（6）
[67] 王馨．互联网金融助解长尾小微企业融资难问题研究［J］．金融研究，2015（09）：12－18.
[68] 乌家培．网络经济及其对经济理论的影响［J］．学术研究，2000（1）：5－11.
[69] 吴明玺．我国小微企业发展政策研究［J］．上海经济研究，2015（03）：58－64＋71.
[70] 吴晓求．互联网金融：成长的逻辑［J］．财贸经济，2015（02）：5－15.
[71] 西奥多舒尔茨．经济增长与农业［M］郭熙保，周开年，译．北京：北京经济学院出版社，1991.
[72] 谢平，邹传伟．互联网金融模式研究［J］．金融研究，2012（12）：11－22.
[73] 星焱．普惠金融：一个基本理论框架［J］．国际金融研究，2016（09）：21－37.
[74] 星焱．普惠金融的效用与实现：综述及启示［J］．国际金融研究，2015（11）：24－36.
[75] 许圣道，田霖．我国农村地区金融排斥研究［J］．金融研究，2008（07）：195－206.
[76] 叶敬忠，朱炎洁，杨洪萍．社会学视角的农户金融需求与农村金融供给［J］．中国农村经济，2004（8）：31－37.
[77] 叶明华，胡庆康．农业风险的区域相关性和农业保险的协调优化［J］．江西财经大学学报，2012，（05）：50－58.
[78] 叶明华．农民对种植业保险缺乏了解农业气象灾害的空间集聚与政策性农业保险的风险分散［J］．财贸研究，2016，（04）：32－41.
[79] 张春霞．互联网金融服务“三农”模式浅析［J］．农村金融研究，2015（11）：9－13
[80] 张建华．发展经济学起源、脉络与现实因应［J］．改革，2016，（12）：134－143.
[81] 张杰．农户、国家与中国农贷制度：一个长期视角［J］．金融研究．2005（2）：1－12.
[82] 张杰．中国农村金融制度：结构、变迁与政策［M］．中国人民大学出版社，2003
[83] 周光友，施怡波．互联网金融发展、电子货币替代与预防性货币需求［J］．金融研究，2015（5）：67－82.
[84] 周建波．农业保险市场中政府责任定位的经济学分析［J］．农业经济问题，2010，（12）：65－69.
[85] 周立．中国各地区金融发展与经济增长［M］．清华大学出版社，2004.
[86] 朱守银，张照新，张海洋等．中国农村市场供给与需求［J］．管理世界，2004.